STEFANIA MOLA

TRANI

Kulturführer

Übersetzung von
Christina Jenkner

Aufnahmen von
Nicola Amato und Sergio Leonardi

MARIO ADDA EDITORE

ISBN 88-8082-381-7

© Copyright 2000
Mario Adda Editore - Via Tanzi, 59 - Bari

Alle Rechte vorbehalten.
Jeglicher Nachdruck, auch teilweise, mit jeglichem Mittel, einschließlich der Fotokopie, auch zu internen oder didaktischen Zwecken, ist ohne Genehmigung verboten.

Aufnahmen: Nicola Amato und Sergio Leonardi
Layout und Landkartenverarbeitung: Ermanno Girardi – Bari
Farbauszüge: Albrizio Litozincografia – Bari
Druck: Arti Grafiche Pugliesi – Martina Franca

*Meinem Vater,
der diese Stadt sehr liebte und ihr mit
viel Begeisterung einen großen Teil
seiner Professionalität widmete.*

INHALTSVERZEICHNIS

1 –   EINLEITUNG .... Seite   9
      Der Name .... «   10
      Die geographische Lage .... «   10
      Die Bevölkerung .... «   11
      Das Wappen .... «   12

2 –   EIN BLICK AUF DIE GESCHICHTE .... «   13

3 –   DIE ENTWICKLUNG DER STADTANLAGE .... «   15

4 –   RUNDGANG DURCH DIE ALTSTADT .... «   23
   I.   Bezirk – die Stadt des 9.-12. Jahrhunderts .... «   23
   I.a) Piazza Duomo (Kathedrale) .... «   24
      Via Beltrani (Adelspaläste; Kirchen
      San Martino und San Giovanni Lionelli)
      Piazza Lambert
      Via Romito (Chiesa di San Giacomo)
      Via Alvarez, Piazza Re Manfredi (Schloß)
      Piazza Duomo
   I.b) Piazza Duomo – Diözesan-Museum .... «   46
      Via Archivio
      (Palazzo Valenzano, Palazzo Gadaleta)
      Via Ognissanti (Palazzo Caccetta,
      Chiesa di Santa Teresa, Chiesa di Ognissanti)
      Via Prologo
      (Adelspaläste, Chiesa di San Nicola Piccinino)
      Via La Giudea, Via Leopardi, Via Scolanova,
      Via Sinagoga, Via Rodunto (jüdisches Viertel)
      Via Porta Antica
      (Torre dell'Orologio, Chiesa di San Donato)
      Piazza Mazzini (Palazzo Gattola Mondelli)

   II.   Bezirk – die Stadt des 12.-18. Jahrhunderts .... «   64
      Piazza Mazzini – Via M. Pagano (Paläste)
      Via Sant'Agostino
      (Kirche und Kloster von Sant'Agostino)
      Via Pedaggio di Santa Chiara
      (Kirche und Kloster von Santa Chiara)
      Via M. Pagano
      (Palazzo De Angelis, Chiesa di San Toma,
      Chiesa di Sant'Andrea, Chiesa di San Francesco)
      Via Ognissanti
      (Palazzo Forges Davanzati, Casa de Agnete)

Piazza Longobardi – Via Statuti Marittimi
Die "Ordinamenta maris" .... Seite 72

III. Bezirk – die Stadt des 18. Jahrhunderts .... « 74
Via Statuti Marittimi
Piazza Plebiscito (Kirche und Kloster
von San Domenico) – Stadtpark
Fortino und Chiesa di Sant'Antonio
Kirche und Kloster des Carmine
Palazzo Di Gennaro-Soria
Piazza Quercia (Palazzo Palumbo-Quercia,
Palazzo Antonacci-Telesio/Kutschenmuseum)
Via San Giorgio – Chiesa di San Rocco

5 – RUNDGANG DURCH DAS VIERTEL DES 19.
JAHRHUNDERTS .... « 82
Via Cavour (Palazzo Fabiano,
Palazzo Elifani, Palazzo Bianchi)
Piazza XX Settembre (Palazzo Campione)
Corso Imbriani (Palazzo Maioni)
Via Badoglio (Palazzo Barbera)
Corso Vittorio Emanuele (Palazzo Discanno,
Palazzo Pugliese, Palazzo Savoia, Palazzo Di Meo,
Palazzo Lillo, Palazzo De Gemmis)

6 – DIE UMGEBUNG .... « 89
Die Abtei von Santa Maria Colonna .... « 89
Der Casale di Giano .... « 90
Die Chiesa dei Cappuccini .... « 92
Die Höhlenkirche von Santa Geffa .... « 92

7 – BRÄUCHE UND LEGENDEN .... « 95

8 – DAS KUNSTHANDWERK .... « 97
Der Marmor von Trani .... « 98

9 – SPEZIALITÄTEN .... « 100
Die Gastronomie .... « 100
Der Moscato di Trani .... « 102

10 – ES WURDE ÜBER TRANI GESAGT .... « 106

LITERATURVERZEICHNIS .... « 115

ORTSVERZEICHNIS .... « 119

1 – EINLEITUNG

Trani ist eine sonnige Stadt, ein Küstenort mit scheeweißen Häusern, eine kleine Perle der Kunst, Kultur und Natur, wo es viel zu entdecken gibt. Im blendenden Licht der alten Straßen dieser edlen Stadt, meist aufgrund ihres berühmtesten Denkmals, der Kathedrale, bekannt, ist der Glanz ihrer Vergangenheit noch spürbar und gegenwärtig. Trani besitzt immer noch die gesellschaftliche Eleganz ihrer humanistisch-juristischen Kultur, die heute noch durch eine hohe Anzahl an Rechtsanwälten vertreten ist; hier entstanden im 17. Jahrhundert die Accademia degli Oziosi und Accademia dei Pellegrini, deren kulturelle Beiträge sich nicht nur auf die Stadt selbst beschränkten. Hier entstand auch die erste Druckerei Apuliens, die noch den Namen von Valdemaro Vecchi führt. Unter den wenigen Künstlern des süditalienischen Mittelalters, deren Name bekannt ist, finden sich zwei aus Trani gebürtige: Barisano, Autor der Bronzetorflügel der Kathedrale, der in der zweiten Hälfte des 12. Jahrhunderts tätig war, und Anseramo, berühmter Bildhauer der zweiten Hälfte des 13. Jahrhunderts. Trani ist reich an Kirchen und prächtigen Palästen, Zeugnisse einer Vergangenheit, als sich die Wege verschiedener Kulturen und Völker hier kreuzten. Die Stadt überlebte die Angriffe der Zeit und der Menschen und spiegelt sich heute gemütlich, aber auch stolz, im Wasser ihres Hafens, der schon seit dem Altertum ihr wechselhaftes Schicksal und Glück bestimmt hat.

Der Name

Der Ursprung des Namens ist äußerst ungewiß und scheint einer Legende nach von *Tirenum* oder *Turenum* abzustammen; in der Überlieferung soll nämlich die Stadt von Tyrrhenus, Sohn des Diomedes, gegründet und von Kaiser Trajan neuerbaut worden sein, wie angeblich eine einst an einem der Stadttore angebrachte Inschrift bezeugen sollte, die so lautete: *Tirenus fecit, Traianus me reparavit – Ergo mihi Tranum nomen uterque dedit.*

Palazzo Candido, Torweg – Kopie der Inschrift, die den Ursprung des Stadtnamens bezeugt

Die geographische Lage

Trani liegt an der adriatischen Küste, 42 km nördlich von Bari, zu deren Provinz sie gehört. Man erreicht die Stadt bequem über die Autobahn A14 Bologna-Taranto, an die sich, für diejenigen, die von Rom oder der tyrrhenischen Küste kommen, die A16 Napoli-Canosa anschließt. Die Alternative für alle diejenigen, die keine Autobahn benutzen wollen, sowie für den Lokalverkehr, bietet die Landstraße S.S. 16bis, eine Schnellstraße mit vier Fahrbahnen, die zwischen Bari und Barletta an der Küste entlang verläuft, sodaß die anliegenden Städte bequem und ohne Schwierigkeiten erreicht werden können. Es empfiehlt sich die mit *Trani centro* ausgeschilderte Ausfahrt zu benutzen. Die Gemeinde erstreckt sich über 102,08 qkm und die durchschnittliche Höhe über dem Meeresspiegel beträgt 7 Meter (in der Stadt). Im südlichen Teil der Gemeinde befinden sich die Steinbrüche des wertvollen Kalksteines, der schon immer (nicht nur in Trani) zu Bauzwecken eingesetzt wurde und unter dem Namen von "pietra" oder "marmo di Trani" (also Stein oder Marmor von Trani) bekannt ist.

Einleitung

Die Bevölkerung

Die Daten von 1987 geben für Trani eine Anzahl von 48.427 Einwohnern an, wovon sich die meisten in der Stadt konzentrieren (nur 1% leben in kleinen Ansiedlungen oder einzelnen Gehöften auf dem umliegenden Land), und eine Bevölkerungsdichte von 474 Einwohnern pro Quadratkilometer.
In der Wirtschaft ist hauptsächlich das Dienstleistungsgewerbe vertreten, in welchem mehr als 53% der aktiven Bevölkerung tätig sind; ihm folgt die Industrie mit 43% der Berufstätigen, während die restlichen 7% in der Landwirtschaft beschäftigt sind.

Der Bildungsgrad ist in Trani gut, da nur 5,4% Analphabeten (weniger als der regionale Durchschnitt) und 2,5% Akademiker (eine höhere Anzahl im Vergleich zur Region) zu verzeichnen sind.

DAS WAPPEN

Das Stadtwappen stellt einen Drachen mit großen Flügeln dar, der unter den Klauen einen Stierkopf zerstampft und einen Turm auf dem Rücken trägt. Aus Stein gemeißelt, ist er am Uhrturm (Torre dell'Orologio) aus dem 15. Jahrhundert in der Nähe von piazza Martini zu sehen (*siehe Führung Ib durch den I. Bezirk*).

Torre dell'Orologio – Detail des Stadtwappens

2 – EIN BLICK AUF DIE GESCHICHTE

Die Stadt Trani, zum ersten Mal in der *Tabula Peutingeriana* als *Turenum* aufgeführt, enstand in strategischer Lage hinsichtlich der einstigen Verkehrswege an einer natürlichen Bucht. Ab dem 9. Jahrhundert bestehen sichere Daten über eine stadtähnliche Ansiedlung, so wie auch feststeht, daß hier eine langobardische Vogtei entstand; später geriet die Stadt unter die Herrschaft der Byzantiner, auf welche der ausgesprochene Hang zur Seefahrt der hiesigen Bewohner wohl zurückzuführen ist. Trani war schon seit der Antike ein Bischofssitz, und im 11. Jahrhundert zählte die Diözese auch dank der Dekadenz von Canosa, die von den Sarazenen zerstört worden war, schon ausgedehnte Besitzungen. Der Beginn der Bauarbeiten für eine neue Kathedrale am Ende des Jahrhunderts bezeugt die wachsende Bedeutung der Stadt im Verkehr und in den Beziehungen zum Orient, während sich gleichzeitig im gesamten südlichen Reich die Macht der Normannen festigte.

Bruchstück der Tabula Peutingeriana, nach ihrem letzten Besitzer, einem gewissen Peutinger, so benannt. Die Tabula Peutingeriana ist eine wahrscheinlich im 13. Jahrhundert ausgeführte Kopie einer römischen Straßenkarte aus dem 3. oder 4. Jh. n.Chr.

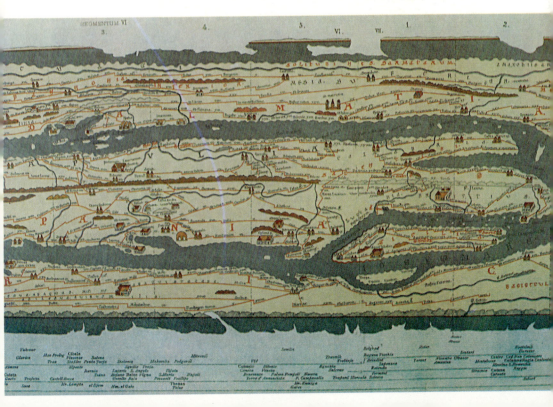

Auf die gleichen Jahre scheinen die sogenannten *Ordinamenta et consuetudo maris* datierbar, jene Gesetze, die sich zur Regelung des wachsenden Seeverkehrs als nötig erwiesen hatten. Die Forscher sind sich nicht einig bezüglich ihrer realen Datierung, und es scheint tatsächlich, daß sie erst später verfaßt wurden. Der bis heute erhaltene Text geht auf das 16. Jahrhundert zurück und verweist auf eine Originalfassung, die möglicherweise aus dem 14. Jahrhundert stammte.
Der Seeverkehr wurde von den Normannen mit zahlreichen Privilegien gefördert, die Kreuzzüge verstärkten ihn weiter, die gesamte Geschichte der Stadt ist unzertrennlich an ihren Hafen gebunden.

Der rege Handel lockte ab dem 11. Jahrhundert zahlreiche Familien aus Amalfi, Ravello, Venedig und Genua an, die sich hier ansiedelten und eigene Viertel aufbauten. Die venezianische Kolonie in Trani erwies sich als besonders bedeutend und wurde mit der Ernennung eines Konsuls schon 1231 offiziell anerkannt; ihre Bedeutung war vor allem im Handel offenkundig, wie aus den zahlreichen Privilegien, die ihr anerkannt wurden, und aus der Vorrangstellung, die sie auch im politischen Bereich besonders unter den Anjous erlangte, hervorgeht.
Zu jener Zeit gelangten auch einige Kaufleute aus Florenz nach Trani, die ihre Geschäfte und Kapitalien an die adriatische Küste verlegten. Zu diesem bunten Gemisch gehörte auch eine schon im 11.-12. Jahrhundert urkundlich belegte jüdische Kolonie, die das Giudecca genannte Viertel bewohnte.

Die angiovinische Herrschaft brachte jedoch für die Stadt eine Dekadenzzeit mit sich, die später unter den Aragoniern ihren Höhepunkt erlangte; 1496 überließ Ferdinand II. von Aragonien die Stadt den Venezianern, danach erfuhr sie eine erneute Krise unter spanischer Herrschaft. Zu Beginn des 17. Jahrhunderts richtete Philipp III. hier eine rechtswissenschaftliche Universität ein, während die Literatur in den Accademia dei Pellegrini und Accademia degli Oziosi genannten Einrichtungen gepflegt wurde.
1799 wurde Trani von den Franzosen geplündert und in Brand gesetzt; trotz der tapferen Verteidigung des Volkes, das die Bourgeoisie schon gestürzt und für Neapel Partei ergriffen hatte, wurde die Stadt erobert.

3 – DIE ENTWICKLUNG DER STADTANLAGE

Es wurde schon erwähnt, daß der älteste Beweis des Bestehens einer mit Trani identifizierbaren Siedlung auf das 4. Jahrhundert n. Chr. zurückgeht; einige archäologische Untersuchungen haben jedoch die frühesten, auf die Bronzezeit datierbaren Siedlungsreste entlang der Halbinsel von Colonna, östlich von der heutigen Stadt, ausgemacht. Die spätere Entscheidung für eine weiter westwärts liegende Ansiedlung könnte sich aus der Bodenbeschaffenheit ergeben haben, die dort einen bequemen und strategischen, etwas höher liegenden und in das Meer vorspringenden Landstreifen und gleichzeitig eine Bucht bot.

Um das 9. Jahrhundert erkannte man infolge der häufigen Streifzüge der Sarazenen die dringliche Notwendigkeit, das *castrum* zu befestigen; von dieser Verteidigungsmauer bleibt heute nur die *Porta Aurea* oder *Antica* erhalten, die in der engen, gleichnamigen Gasse zwischen via del Cambio und via La Giudea im östlichen Bereich des älteren Stadtteiles noch zu sehen ist und die eine Verbindung zwischen *castrum* und Küste herstellte. Dank der in den Urkunden

Auf den folgenden Seiten:
Luftaufnahme der von der Kathedrale beherrschten Altstadt

Giovan Battista Pacichelli – Ansicht von Trani, 1703

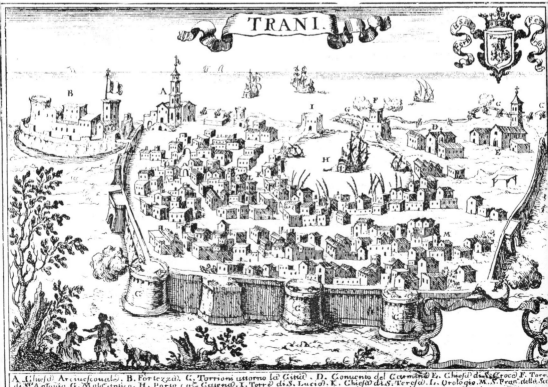

angegebenen Verteilung der vier Stadttore ist es uns möglich, fast den gesamten Verlauf der Mauern zu rekonstruieren, die mehr oder weniger kreisförmig angelegt waren, wie auf den Luftaufnahmen der Halbinsel, wo sich die Kathedrale befindet, gut zu sehen ist. Ein anderes, auf das Meere gerichtetes Tor war die *Porta Vassalla*, deren Name wahrscheinlich aus der Tatsache herrührte, daß dieses Tor zum niederen Teil der Stadt Zugang bot, also zu den an der Küste tiefer gelegenen Vierteln. Es befand sich zwischen der heutigen Südmauer der Kathedrale und der Chiesetta di Santa Lucia, die jetzt in Palazzo Gadaleta einverleibt ist, etwa wo heute

via Archivio verläuft. Die anderen zwei Stadttore waren *Porta Nuova*, am Ort der jetzigen piazza Mazzini entlang der Achse der heutigen via Beltrani und, also, der Kathedrale gelegen, und *Porta Vetere*, üblicherweise auch Porta Barletta genannt und im westlichen Teil der Altstadt in Richtung Barletta gelegen. Die Mauer verlief weiter bis zur Kathedrale, wobei nicht feststeht, ob sich die Kirche im Hochmittelalter innerhalb oder außerhalb des Mauerringes befand. Erst später fiel der Kathedrale die Rolle des anziehenden Pols zu, der die gesamte Stadtanlage bestimmte, und dem die gerade Straßenachse zugrunde liegt, der heute via Beltrani entspricht, die sonst keinen anderen Sinn gehabt hätte; in den Urkunden werden ferner zahlreiche Kirchen erwähnt, die um den Bogen der Bucht und außerhalb der Stadtmauern entstanden: Santa Lucia, Sant'Agnese, Ognissanti, San Leone und noch andere. Die jetzige via Alvarez zeichnete die westliche Stadtgrenze, während die Hauptachsen der weiteren Ausdehnung der Stadt den heutigen via Prologo und via La Giudea entsprachen; die Altstadt war demnach um eine Mittelachse angelegt (heute via Beltrani), die rechtwinklig von parallel verlaufenden Straßen geschnitten wurde, einer Anlage folgend (Fischgrätenmuster), die in den Küstenstädten der Terra di Bari ziemlich verbreitet war.

Teilansicht der Altstadt

Die Überschreitung der hochmittelalterlichen Stadtmauer erfolgte im 11. Jahrhundert mit der Ausdehnung in östlicher Richtung, also in Richtung des Hafens. Außerhalb des Mauerringes entstanden zahlreiche Klosteranlagen, wie Santa Maria di Colonna und die Santissima Trinità (Heilige Dreifaltigkeit, heute San Francesco genannt). Die Hauptachsen dieser Entwicklung waren *via Carraria*, einem Stück der heutigen via Pagano entsprechend, und die *via civitatis*, jetzt via Ognissanti, die sich in Richtung Bisceglie, nach Osten hin, kreuzten, wo sich heute piazza della Libertà befindet. Eine neue Befestigungsmauer erwies sich also als notwendig; sie wurde angeblich Mitte des 13. Jahrhunderts gleichzeitig mit dem Schloß errichtet; sie bezog im Osten die im 11. Jahrhundert erbauten Viertel mit ein und das im 14. Jahrhundert angebrachte Stadttor, *porta di Andria*, öffnete sich zu den landwirtschaftlichen Gütern des Hinterlandes hin.

Mit einer Reihe von Initiativen und Anordnungen zur neuen Anlage von Straßen und Mauern trugen die Anjous in beträchtlicher Weise zur Bestimmung des Stadtbildes bei; die Urkunden geben für Trani überwiegend Bauwerke aus Stein an, da die Stadt über große Marmorsteinbrüche verfügte (der "Marmor von Trani"). Als Antwort auf den Versuch, der Kathedrale als gesellschaftliches und wirtschaftliches Zentrum der Stadt eine Vormachtstellung anzuerkennen, entstanden zwischen 14. und 15. Jahrhundert zahlreiche Gruppen adliger Paläste insbesondere in den Gegenden von *Portanova* und piazza San Marco, wo heute die Chiesa di Santa Teresa steht: je ein Beispiel bieten hierfür Palazzo Palagano-Lambert und Palazzo Caccetta. Im Osten der Stadt, im *locus Sancti Georgi*, konzentrierten sich zahlreiche Gewerbe und Werkstätten von Handwerkern. Diese Mauer hielt bis zur Neuzeit, was bezeugt, daß kein bemerkenswerter Bevölkerungszuwachs erfolgt sein konnte und weswegen heute die Ausdehnung und Form der damaligen Stadt noch gut zu sehen ist.

Um die Hälfte des 18. Jahrhunderts wurde das gesamte östliche Viertel gegenüber dem Hafen zum Objekt einer neuen städtebaulichen und architektonischen Auffassung, die auch eine Ausweitung außerhalb der Stadtmauern vorsah und sich in den vornehmen Palästen der aufkommenden bürgerlichen Unternehmerschicht ausdrückte. Es wurden jedoch auch Eingriffe auf schon bestehende, oft in schlechtem Zustand befindliche Bauten des alten Stadtkerns ausgeführt, die auch ganze Häuserblocks umfaßten, oft verschiedene Baukörper zusammenschlossen und ihnen eine vollkommen neue und angemessen repräsentative *facies* verliehen.

Gasse der Altstadt in der Nähe des Hafens

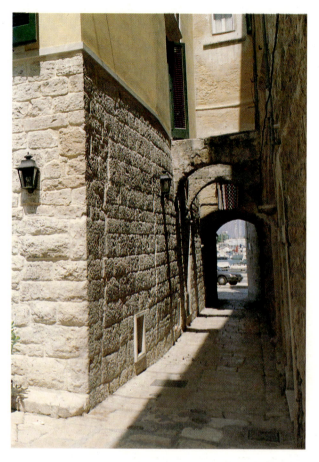

Die herrschaftlichen Bauten jenes Jahrhunderts sind wegweisend für den weiteren Stadtausbau nach Osten hin, der im darauffolgenden Jahrhundert die Ausdehnung kennzeichnet und aus der Überschreitung der Stadtmauern und der Errichtung des *Borgo* (das neue Viertel des 19. Jahrhunderts) besteht.
Im 19. Jahrhundert entsteht eine moderne Stadt, die, wie in vielen anderen Orten entlang der apulischen Küste, durch ein rechteckig angelegtes Straßennetz gekennzeichnet ist. Durch den *Statuto del Borgo* (Statut des neuen Viertels, 1844-45) bestimmt, wird der neue Stadtteil in drei Schritten errichtet: in der ersten Phase, die noch vor der Einigung Italiens stattfindet (1848-61), erfolgt die größte Expansion; in der zweiten, zwischen 1861 und 1890, erlebt der Ausbau eine Stockung, die nur durch die Errichtung des Bahnhofes unterbrochen wird; erst nach 1890 werden die Bauarbeiten im vollen Rhythmus wieder aufgenommen.

4 – RUNDGANG DURCH DIE ALTSTADT

I. Bezirk – die Stadt des 9.-12. Jahrhunderts

Der erste Bezirk, durch den unser Rundgang führt, entspricht der eigentlichen Altstadt, die auch die bedeutendsten mittelalterlichen Sehenswürdigkeiten enthält und in der die alten Straßen und Bauten noch am besten erhalten sind; hier sind nur einige Fassaden umgestaltet und die Zusammensetzung einiger Häuserbocks verändert worden. Die angegebene Zeitspanne zwischen 9. und 12. Jahrhundert schließt natürlich nicht aus, daß in diesem Viertel auch spätere Bauten zu finden sind, die zu verschiedenen Zeitpunkten in einem jedoch schon seit dem Hochmittelalter besiedelten Gebiet entstanden sind.

Blickfang des Viertels ist die beeindruckende Masse der Kathedrale, seine Hauptachse ist via Beltrani, einst *Strada Arcivescovato/Strada San Giovanni* genannt. Von ihr zweigen rechts und links zahlreiche parallele Gassen ab, in denen die Bauten liegen, die wir jetzt untersuchen werden; besonders im östlichen Teil sind die Spuren der jahrhundertealten Ablagerung am offenkundigsten und die Reste der hier einst angesiedelten Kolonien sichtbar (wie zum Beispiel in der Giudecca, dem jüdischen Viertel).

Details der Altstadt

> *I.a) Piazza Duomo (Kathedrale – via Beltrani (Adelspaläste) – Piazza Lambert – Via Romito (Chiesa di San Giacomo) – Via Alvarez – Piazza Re Manfredi (Schloß) – Piazza Duomo*

Ein auf dem Vorplatz der Kathedrale beginnender Besuch der Stadt ist kein Zeichen von Phantasiemangel, da von hier aus der Blick bis zum Schloß schweifen und die ganze Bucht übersehen werden kann. Wir genießen die würzige Meeresluft und tauchen in die ganz besondere Atmosphäre dieser Stadt ein.

Die **Kathedrale** geht auf das 11.-13. Jahrhundert zurück und wurde zu Ehren von San Nicola Pellegrino (Heiliger Nikolaus der Pilger) errichtet, ein junger Grieche, der im Laufe einer Wallfahrt 1094 in Trani starb. Die heutige isolierte Stellung der Kirche, einst im umgebenden Stadtgewebe einverleibt, ist das Ergebnis äußerst fragwürdiger Restaurierungsarbeiten, die Mitte des 20. Jahrhunderts ausgeführt wurden.

Ihre Errichtung über die ältere, schon Mitte des 7. Jahrunderts erwähnte Kirche Santa Maria della Scala wurde 1097 begonnen und erfolgte in mehreren Bauphasen, wovon die intensivste auf die Mitte des 12. Jahrhunderts zurückgeht.

Rechts: *Die Kathedrale*

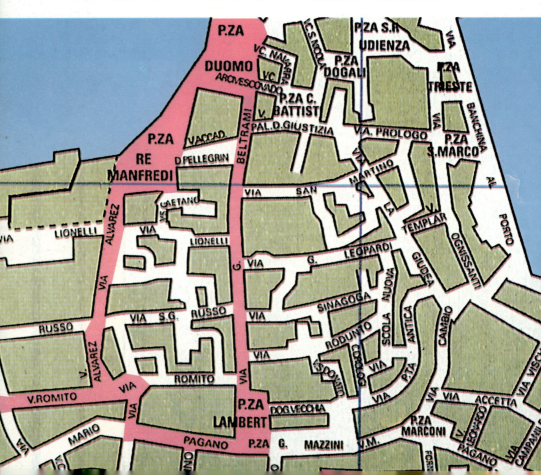

Zu allererst muß man das Bauwerk von außen betrachten, um sich eine Vorstellung seiner gewaltigen Ausmaße und der doch eleganten Formen zu machen. Neben der **Fassade** mit gestuftem Giebel erhebt sich der schlanke Glockenturm mit einer eigenartigen Bogenöffnung im Sockel. Die glatte und leicht rosa gefärbte Fassadenwand wird von einem feinen Blatt- und Rosenkranzgesims eingerahmt und durch wenige Öffnungen unterbrochen: von oben nach unten ein Bogenfenster, die von sechs Kragen, die tierähnliche Figuren tragen, umgebene Fensterrose, drei Rundbogenfenster auf gleichem Niveau, wovon das mittlere größer und reich verziert ist, und an den Seiten von zwei Löwen und zwei säulentragenden Elefanten (die Säulen sind nicht mehr vorhanden) eingerahmt ist.

Den unteren Bereich der Fassade zieren neun aneinander gereihte Blendbögen, die auf Halbsäulen mit durchbrochenen Halbkapitellen stützen; der mittlere und größere umfaßt das Hauptportal. In Entsprechung der Halbsäulen sind innen am Geländer der Terrasse, zu welcher die beiden seitlichen Treppen führen, Sockel zu sehen, die angeblich eine Vorhalle trugen, die im 18. Jahrhundert abgerissen wurde. Andere wiederum meinen, daß diese Vorhalle wohl entworfen, jedoch nie errichtet wurde.

Wir steigen also zum rundbogigen **Hauptportal** hinauf, das von schlanken Säulen getragen wird, die auf zwei wilden, menschliche Figuren angreifenden Tieren stützen. Die Archivolte und die Pfosten zieren Blattwerk und geometrische Muster mit sehr schönen heiligen und profanen Szenen, deren Reliefarbeit und Ikonographie durch arabische und französische Vorbilder beeinflußt ist.

Das Portal ist durch ein zweiflügeliges **Bronzetor** abgeschlossen, ein Werk von Barisano da Trani, zwischen 1175 und 1180 datierbar und z.Zt. (1994) einer sorgfältigen Restaurierung unterzogen. Barisano ist eine wichtige Persönlichkeit der mittelalterlichen Bronzeplastik (auch die Torflügel der Kathedrale von Ravello und des Domes von Monreale sind ihm zuzuschreiben) und das Portal von Trani ist ein vorzügliches Beispiel, auf dem Technik, Ausdruck und Ikonographie ein perfektes Gleichgewicht erzielen. Das Ergebnis besteht aus 32 in Formen gegossenen und danach ziselierten Tafeln, die mittels großen Beschlägen an ein 5 x 3 Meter großes Holzgestell angebracht sind; das Tor wiegt insgesamt 25 Doppelzentner. Der Bogenform angepaßt, entwickelt sich sein ikonographisches Programm über acht, aus je vier Tafeln bestehenden Ebenen: die auf den Tafeln abgebildeten Motive und Szenen gehören einem weitgefächerten figürlichen Repertoire an und beziehen sich sowohl auf heilige,

Rechts:
die Kathedrale, Hauptfront – das Bronzetor von Barisano da Trani (letztes Viertel des 12. Jahrhunderts)

als auch auf profane Themen: von oben nach unten und von links nach rechts sehen wir also zwei betende Engel, einen thronenden Christus mit den Symbolen der Evangelisten, die thronende Jungfrau mit Kind, die zwölf Apostel, den Täufer und den Propheten Elias, St. Georg und St. Eustachius, San Nicola Pellegrino (zu dessen Füßen die kleine anbetende Figur von Barisano erkennbar ist), Szenen der Kreuzabnahme und des Abstieges in den Limbus, und weiter Schützen und Kämpfer mit Keulen, geflügelte Drachen und Löwen, dem Lebensbaum entgegengestellt. Auf den kleinen Medaillons des Rahmens wiederholen sich Sirenen und Zentauren, Reblinge und Blattvoluten.

Nach der Restaurierung wird man das Tor, das zur Zeit durch zwei einfache Holzflügel ersetzt ist, wahrscheinlich nicht mehr außen anbringen; stattdessen ist eine getreue Kopie geplant, während das Original im Kircheninneren Platz finden soll. Rechts neben der Fassade erhebt sich der schlanke, etwa 60 Meter hohe **Kirchturm**, ein Werk von *Nicolaus sacerdos et magister*, wie auf der Inschrift am Sockel an der seewärts gerichteten Mauer zu lesen ist, fast mit Sicherheit der gleiche Autor des Ambons in der Kathedrale von Bitonto, auf 1229 datiert. Aufgrund seines prekären statischen Zustandes wurde der Kirchturm in den fünfziger Jahren abgebaut und getreu aus dem gleichen Material wieder aufgebaut (im Inneren ist die Numerierung der Bausteine noch sichtbar); der Sockel enthält einen gewölbten Durch-

gang; die zwei unteren Stockwerke sind mit romanischen Zwillingsfenstern versehen und gehen auf die erste Hälfte des 13. Jahrhunderts zurück, im dritten Stock öffnen sich spitzbogige Drillingsfenster und im vierten Fenster mit vier Lichtern aus dem Anfang des darauffolgenden Jahrhunderts; ein achteckiger Helm krönt die Glockenstube, deren Fenster ein weiteres Licht besitzen. Der schwerelose und aufwärts strebende Effekt des Bauwerkes wird gerade durch den Rhythmus der nach oben hin zunehmenden Fensteröffnungen erzielt.

Gehen wir unter den Kirchturm hindurch, so gelangen wir zur **Südseite** der Kirche, an der sechs hohe und tiefe Blendbögen angebracht sind und die mit einigen Kragsteinen, die Tierfiguren tragen, verziert ist. An der Querhausfront öffnet sich eine großartige Fensterrose über zwei mit Rosenkranzperlen verzierten Zwillingsfenstern; in der Mitte befindet sich eine Statuengruppe, die zwei männliche Figuren darstellt, wovon eine in der Haltung des Dornausziehers abgebildet ist.

Die auf das Meer schauende Hinterseite der Kirche faßt die drei gewaltigen und hohen, halbkreisförmigen **Absiden** und ein majestätisches **Fenster** mit ein, das im 13. Jahrhundert mit einem Rahmen und einer Archivolte, sowie fünf zoomorphen Kragsteinen versehen wurde.
Der Gang um die Kirche endet mit einem Blick auf die **Nordseite**, die durch ihre absolute Schlichtheit und das völlige Fehlen an Schmuck auffällt, was vielleicht auf die Tatsache zurückzuführen ist, daß sie planmäßig hinter anderen Baukörpern verborgen bleiben sollte (dieselben wurden im Laufe der Restaurierungsarbeiten abgerissen).

Links:
die Kathedrale – Detail des Kirchturmes (13.-14. Jahrhundert)

Oben:
die Kathedrale, südliche Querhausfront- Detail der Fensterrose

Auf den folgenden Seiten:
die Kathedrale – das Innere der oberen Kirche

An der Querhausfront befindet sich eine weitere Statuengruppe, die *Samson im Kampfe mit dem Löwen* abbildet, während hier ein großes Fenster mit vier Lichtern die Rose ersetzt.

Der Eingang zur Kirche befindet sich heute an der Südseite hinter dem Kirchturm. Wir gelangen somit in die alte **Chiesa di Santa Maria**, die die Fläche der einstigen Kirche einnimmt, die im 12. Jahrhundert abgerissen wurde, um der Errichtung der neuen oberen Kirche Platz zu machen, und danach als längsgerichteter Unterbau gänzlich neu angelegt wurde. Es handelt sich um eine Halle, die durch zweiundzwanzig Säulen in drei Schiffe geteilt ist; die sehr schlichten Kapitelle wurden fast alle im Laufe der Restaurierungsarbeiten ersetzt. Am Ende des rechten Seitenschiffes befindet sich das *Sepolcro Passasepe Lambertini*, ein im gotischen Stil im frühen 14. Jahrhundert errichtetes Grab, dessen Baldachin auf gewundenen Säulen stützt und ein Fresko von Giovanni di Francia einrahmt, das eine *Madonna mit Kind* abbildet; in den drei Kappen des darüberbefindlichen Kreuzgewölbes sind drei *Evangelisten* abgebildet. Weitere Freskenreste sind im linken Seitenschiff zu sehen: eine byzantinisierende *Madonna mit Kind*, ein *Heiliger Theodor* zu Pferd (wie die Heiligen Georg und Eustachius, wurde auch er als Krieger und Verteidiger des Glaubens angesehen), ein *Heiliger Mönch* und weitere Bruchstücke, die auf das 14. bis 15. Jahrhundert zu datieren sind.

Die Reste eines Bodenmosaikes, die an einigen Stellen sichtbar sind (zum Beispiel neben der Treppe, die auf der linken Seite des Unterbaus zur oberen Kirche führt), gehören der einstigen, schon erwähnten Kirche von Santa Maria und wurden während der Restaurierungsarbeiten der siebziger Jahre ans Licht gebracht.

Eine Stiege auf der linken Seite steigt zum **Sacello di San Leucio** (Sankt-Leucio-Kapelle) hinab, eine einfache viereckige Struktur, die von einem primitiven Wandelgang umgeben ist; die Reste des Heiligen wurden im 7. Jahrhundert von Brindisi nach Trani gebracht.

Von der Kirche Santa Maria gelangt man durch zwei Türen, deren Architrave aus wiederverwerteten Bestandteilen der früheren Kirche bestehen, in die **Querkrypta** der Kathedrale, die nach San Nicola Pellegrino benannt ist und auf den Beginn des 12. Jahrhunderts zurückgeht; sie unterscheidet sich von anderen Bauten dieser Art sowohl in ihrem Ausmaß, als auch wegen der beachtlichen Höhe der Abdeckung, die aus zweiundvierzig Kreuzgewölben besteht, die von achtundzwanzig Säulen aus griechischem Marmor getragen werden, deren Kapitelle zum Teil neuverwertet wurden und mit Akanthusblättern mit gekrümmten Spitzen geschmückt sind, ein Muster, das von der korinthischen Ordnung abgeleitet wurde und in frühchristlicher Zeit verbreitet war.

Rechts: *die Kathedrale – Teilansicht der nach San Nicola Pellegrino benannten Querkrypta*

Zwei in den Seitenschiffen angebrachte Treppen führen uns jetzt zur **oberen Kirche**, ein geräumiger und heller Saal, der in Form eines lateinischen Kreuzes mit kaum hervorspringendem Transept angelegt ist und durch charakteristische, gekuppelte Säulen in drei Schiffe aufgeteilt ist; über den Bögen mit doppeltem Bogenrücken öffnen sich die Drillingsfenster der Emporen. Das Hauptschiff und das Querhaus sind mit einem sichtbaren Dachstuhl überspannt, während Tonnengewölbe die Seitenschiffe abdecken. Das heutige, strenge und kahle Gewand ist das Ergebnis der Restaurierungen, die die Kirche von der Stuck- und Marmorverkleidung des 18.-19. Jahrhunderts befreit haben, um ihr den Schein ihres einstigen Aussehens zurückzugeben. Der Abriß des späteren Schmuckes hat jedoch die schweren Verstümmelungen bargelegt, die die älteren Dekorationen erlitten hatten: man bemerke, zum Beispiel, die Schäden an den steinernen Kapitellen, die mit dem Meißel bearbeitet wurden, um das Stuckwerk besser anhaften zu lassen, und deren Schmuck jetzt zum größten Teil nicht mehr lesbar ist. Im Bereich des Presbyteriums finden sich interessante Reste eines *Bodenmosaikes* des 12. Jahrhunderts, das in seiner Form und Ikonographie gleichaltrigen Mosaiken in Brindisi und vor allem in Otranto sehr ähnlich ist; man betrachte zum Beispiel die Fragmente, die *Adam und Eva* und *Alexander den Großen*, der sich mit Hilfe von zwei Greifen in die Luft hebt, abbilden. Das Mosaik bedeckte einst den Boden des gesamten Querhauses; diese Reste wurden nach dem Abbruch des 1782 erbauten Hauptaltars entdeckt.

Bevor wir die Kathedrale durch die Krypta von Santa Maria erneut verlassen, werfen wir noch einen Blick in einen Raum, der sich neben der Wand, die der Hauptfront entspricht, befindet (unter der Außentreppe): hier sind zahlreiche Steinfragmente, Inschriften und Bruchstücke des abgerissenen Schmuckes der Kirche verwahrt, sowie auch ein steinerner Sarkophag des 6. Jahrhunderts mit einem lateinischen Kreuz mit stark hervorspringenden Armen in der Mitte, der in den Ausgrabungen der siebziger Jahre ans Licht gebracht wurde, und ein römischer Ehrensockel, der dem *consularis Apuliae et Calabriae* Cassius Ruferius gewidmet ist (4. Jh. v. Chr.) und 1955 im Laufe der Wiedererrichtung des Glokkenturmes gefunden wurde.

Kehren wir nun auf den **Vorplatz** der Kathedrale zurück um, mit der Kirche im Rücken, auf der linken Seite **Palazzo Lodispoto** aus dem 18. Jahrhundert und, gegenüber, **Palazzo Torres** zu betrachten; letzterer war von 1861 bis 1923 Sitz des apulischen Berufungsgerichtes und ist heute Gerichtsgebäude; er wurde in der ersten Hälfte des 16. Jahrhunderts vom Stammvater des in Trani ansässigen Zweiges der spanischen Familie, deren Name er trägt, errichtet.

Rechts:
die Kathedrale – Teilansicht des Seitenschiffes und der Empore

Der Bau wirkt wie eine kompakte Masse, die horizontal von den Gurtgesimsen gezeichnet ist, und auf der das Portal, die Fenster (mit dreickiger Fensterverdachung im ersten Stock), und drei Balkone harmonisch verteilt sind.

Wir gehen jetzt **via Beltrani** hinunter, und zwar die Strecke, die früher *Strada Arcivescovato* genannt war. Hier gehen wir am ersten Haus auf der linken Seite entlang, um einen Einblick in den ältesten Teil der Stadt zu gewinnen, der dem Bezirk unseres ersten Rundganges entspricht.

In via Beltrani, die das Rückgrat der Altstadt bildet, herrscht eine gewisse formale Gleichartigkeit und eine ausgesprochene Einheitlichkeit vor, die besonders auf die zahlreichen Adelspaläste zurückzuführen ist, fast alle mittelalterlichen Ursprungs, doch in den folgenden Jahrhunderten verändert. Diese Anlage der Bauten ersetzt vor allem im 17. Jahrhundert den typischen mittelalterlichen Häuserblock, dessen angereihte Häuser sich auf kleinen Parzellen mit zwei oder drei Etagen wiederholen, um einen Innenhof und meist unregelmäßig angelegt sind. Auf der linken Seite, gegenüber der Ostfront von Palazzo Torres, finden wir **Palazzo Candido**, der im 17. Jahrhundert von Domenico Lanza errichtet wurde und dann in den Besitz der Familie, deren Name er trägt, überging; seit 1834 sind hier die Büros der Gemeinde untergebracht.

Auf der gleichen Straßenseite, in Entsprechung von Nummer 9, finden wir **Palazzo Arcivescovile**, der Erzbischöfliche Palast, auch als Palazzo Rogadeo bekannt, der im Laufe des 17. Jahrhunderts restauriert wurde, aber offenbar älter ist, wie man gleich an den Außenmauern erkennen kann, die voller mittelalterlicher, zugemauerter Fenster sind.

Via Beltrani – Sicht in Richtung der Kathedrale

Rechts: *Palazzo Arcivescovile – Lauben im Hof*

Der Innenhof von Palazzo Cerdani

Der Erzbischof Alvarez erwarb ihn in der ersten Hälfte des 17. Jahrhunderts von Familie Rogadeo mit dem Plan, ihn als erzbischöflichen Sitz einzurichten; die radikalen Restaurierungen, die Erzbischof Del Tinto ausführen ließ, sind vor allem im Innenhof offenkundig, wo prächtige, luftige Laubengänge auf drei Etagen verteilt sind; am Scheitel jedes Bogens befindet sich ein geschwungener Kragstein, schlichte Geländer zieren die oberen Geschosse. Die vier Wappem an den Geländerpfosten gedenken des Erzbischofs Del Tinto, dem das Werk zu verdanken ist.

Auf der rechten Seite, an der Südfront von Palazzo Torres, finden wir **Palazzo Petagna-Vischi**, im 17. Jahrhundert von Partenio Petagna erbaut, später von den Familien Vischi, Carcano und Lepore geerbt und, schließlich, 1811 von der Gemeinde erworben; heute ist er Sitz des Strafregisters. Hausnummer 17, auch auf der linken Seite, ist **Palazzo Cerdani**, späterer Besitz der Familie Lepore Campitelli, dessen heutiges Aussehen auf Arbeiten des 18. Jahrhundert zurückgeht; im Jahr 1637 wird der Palast unter den Besitztümern des Klosters von San Giovanni Lionelli erwähnt; angeblich befand sich damals vor dem Eingang eine bruchstückhafte Säule, die als Bank benutzt wurde.

Auf der entgegengesetzten Straßenseite sehen wir mit Hausnummer 8 **Palazzo Carcano** aus dem 17. Jahrhundert. Gehen wir jetzt nach links strada San Martino hinunter, so gelangen wir zur gleichnamigen kleinen Kirche, die auf unerwartete Weise hinter einem unscheinbaren und verfallenen Tor verborgen ist und nur dank eines alten gelben Schildes aufzufinden ist. Die **Chiesa di San Martino** ist ziemlich unbekannt, doch sehr interessant auch dank der kürzlich erfolgten Restaurierungsarbeiten, die bald eine "offizielle" Wiedereröffnung ermöglichen werden. Das Niveau der Kirche liegt zwei Meter tiefer als die heutige Straße; der Bau hat aufgrund der langjährigen Verwahrlosung und der physisch-klimatischen Bedingungen großen Schaden erlitten und war gänzlich in Vergessenheit geraten. Der äußerst schlechte Erhaltungszustand, der vor den Restaurierungen festgestellt wurde, war auch durch das Vorhandensein eines darüberbefindlichen Baukörpers bedingt worden, der eine Wohnung enthielt und das Gotteshaus auch unter dem statischen Gesichtspunkt stark gefährdet hatte. Fast gar nichts ist über die bestimmt weit zurückliegende Entstehung der Kirche bekannt: in einer Urkunde aus dem Jahr 1075 wird zum ersten Mal ein dem Heiligen Martin geweihtes Kloster erwähnt, auch wenn einige Forscher der Meinung sind, der Bau der Kirche könnte auf das 9.-10. Jahrhundert zurückgehen, also auf eine Zeit, als die langobardischen Einflüsse noch sehr stark waren. Die heute sichtbare Struktur ist sehr einfach, in Wirklichkeit jedoch das Ergebnis vieler Ablagerungen, wobei die verschiedenen Nutzphasen noch nicht vollkommen geklärt sind: es handelt sich um einen längsgerichteten, dreischiffigen, unregelmäßigen Baukörper mit Tonnen- und Kreuzgewölben, die auf wiedereingesetzten, älteren Pfeilern und Säulen stützen; in die Wand des rechten Seitenschiffes sind mehrere antike und verschiedenartige Elemente eingemauert (Sarkophage, Kapitelle, Säulen); an mehreren Stellen, wie zum Beispiel im linken Seitenschiff und in der rechten Apsidiole, sind Reste von Fresken zum Vorschein gekommen, die auf mindestens zwei verschiedene Lebensphasen der Kirche zurückgehen.

Palazzo Vischi – Teilansicht des Innenhofes

Nun kehren wir in die via Beltrani zurück, die Straße wird jetzt etwas breiter und auf der linken Seite sehen wir di **Chiesa di San Giovanni Lionelli**, vermutlich im 15. Jahrhundert von der einheimischen Adeligen Antonella Palagano (Witwe von Lionello Falconieri) errichtet und 1770 von Grund auf renoviert. Im Inneren, das auch im 18. Jahrhundert neu aufgemacht wurde (man betrachte das reiche Stuckwerk an den Wänden), ist ein kostbarer Altar aus polychromem Marmor zu finden, der 1783 geweiht wurde, sowie Gemälde vom neapoletanischen Künstler Filippo Falciatore (*Die Taufe Jesu*, 1768) und vom Maler Nicola Menzele aus Trani (*Madonna mit Kind und Heiligem Franz*, 1774). Drei weitere Gemälde in der gleichen Kirche (*Die Heimsuchung Mariä*, *Die Unbefleckte Empfängnis* und *Mariä Verkündigung*) können aufgrund ihrer stilistischen und formalen Eigenschaften auch diesem letzten Künstler zugeschrieben werden.

Hinter dieser Kirche finden wir **Palazzo Assenzio**, dessen Front auf via Leopardi schaut und hier Hausnummer 7 einnimmt; nach 1880 gehörte der Palast einem gewissen Luigi Patrizi und kam später in den Besitz des wiederhergestellten Monastero (Kloster) di San Giovanni Lionelli.

Gehen wir jetzt zur via Beltrani zurück; diese bis **piazza Lambert** reichende Strecke hieß früher *strada San Giovanni*. Gleich hinter der Kirche, auf der linken Seite bei Hausnummer 28 finden wir **Palazzo De Luca**, der im 18. Jahrhundert der gleichnamigen Familie gehörte, und bei Hausnummer 51 **Palazzo Beltrani**, der im 17. Jahrhundert gänzlich renoviert wurde und früher Besitz der Familie Passasepe war.

Wir erreichen nun piazza Lambert, wo wir auf der Rechten mit Hausnummer 2 **Palazzo Lambert** (früher Palagano) erkennen; das Haus aus dem Jahr 1420 ist mit einem schönen spitzbogigen Portal mit eckigem Rahmen versehen. Der Palast entstand in einer für die Altstadt strategischen Lage an der sogenannten *piazza Portanova* in Jahren, die durch einen großen wirtschaftlichen Aufschwung und Wohlstand gekennzeichnet waren. Er wurde auf Wunsch der adligen Familie Palagano in der Nähe anderer älterer Häuser, die der Familie gehörten, errichtet und kam später in den Besitz der Festa und Lambert. Vom ursprünglichen Bauwerk sind das Gurtgesims und das schon erwähnte Hauptportal erhalten, das anderen, zeitgenössischen Beispielen auch außerhalb von Trani ähnelt, die durch strahlenförmig um einen spitzen Bogen angelegte Steine und rechteckigem schlichtem, manchmal auch ausgeschmücktem Rahmen gekennzeichnet sind. Über dem Portal ist das Wappen der Familie Palagano-Stanga abgebildet.

Portal von Palazzo Lambert (ehemals Palagano)

Blicken wir in Höhe des ersten Stockwerkes nach rechts, bemerken wir zwischen diesem Haus und dem nächsten (**Palazzo Maggiolla**) einen bruchstückhaften, gemauerten Säulenschaft mit ebenfalls bruchstückhaftem Kapitell, und eine eingemauerte **Sarkophagplatte**, die ein *Agnus Dei* auf einem Medaillon abbildet, das von den Wappen der Familie Palagano eingerahmt ist. Aufgrund seiner Ausführung könnte die Platte auf das 15. Jahrhundert zurückgehen.

Auf den Platz schaut die Anlage der **Chiesa** und **Conservatorio di San Lorenzo** (St. Lorenz Kirche und Mädcheninternat), ein sehr beschädigter Baukomplex, dessen zukünftiges Schicksal noch ungewiß scheint und der zur Zeit wegen Restaurierungsarbeiten nicht zugänglich ist.

Ursprünglich befand sich auf dieser Fläche, die zum Bereich von *Porta Nova* gehört, ein altes Hospiz für arme Wanderer; im 17. Jahrhundert erfolgte die Umwandlung in ein Waisenhaus für mittellose Mädchen, das später den Namen Conservatorio di San Lorenzo erhielt.
Das Gebäude entstand zum Teil an der Stelle der abgerissenen alten Chiesa di Sant'Andrea, wonach im gleichen Jahrhunderte die heute diesen Namen tragende Kirche (*siehe Rundgang durch den II. Bezirk*) diesem Heiligen geweiht wurde.

1753 wurde die alte Kirche, die der schon erwähnten Anlage angehörte, «in etwas Besseres verwandelt», also abgerissen, wie die Inschrift an der Fassade bezeugt.

Verlassen wir nun via Beltrani an der rechten Seite von Palazzo Lambert entlang, wobei wir unter dem Bogen hindurchgehen und über **via Romito** zur **Chiesa di San Giacomo** gelangen.

Rechts:
Chiesa di San Giacomo – die Fassade

Chiesa di San Giacomo – das Portal

Die St. Jakob geweihte Kirche wurde im romanischen Stil erbaut (12. Jahrhundert) und anfangs *Sancta Maria de Russis* getauft; ihr Inneres erscheint heute ziemlich verändert, da es im 17. Jahrhundert neu dekoriert wurde, wie eine 1647 datierte Inschrift am Portal besagt. Beachtenswert ist das Portal mit einer mit Blattwerk und Rosenkranzperlen geschmückten Archivolte; es wird von zwei Säulen eingerahmt, die auf Elefanten stützen und ihrerseits einen Greif und einen Löwen tragen; die Fassade ist ferner mit drei Reihen figurativer, hervorspringender Kragen ausgeschmückt, die mensch- und tierähnliche Formen haben und der Kirchenfront einen sehr eigenartigen Charakter verleihen.

An der rechten Seite der Kirche, die vielleicht aufgrund ihrer Ausrichtung ursprünglich die Fassade bildete, bleibt eine uralte Öffnung erhalten, weder als Tür, noch als Fenster definierbar, die mit einer schönen, aus Stein gemeißelten Archivolte geschmückt ist.

Nun schlagen wir **via D. Alvarez** ein, früher *Strada Muraglie del Castello* (Straße der Schloßmauer) genannt, und erreichen danach **piazza Re Manfredi**, wo sich das **Schloß** erhebt.

Es wurde 1233 von Friedrich II. von Hohenstaufen erbaut, wie angeblich eine über einem weiten, spitzbogigen Portal angebrachte Inschrift im westlichen Hof bezeugt:
IAM. NATI XRISTI DOMINI ANNIS MILLE DUECENTIS / CUM TRIGINTA TRIBUS FEDERICI CESARIS ANNO / IMPERII TRINO DENO IERUSALEMQUE OCTAVO REGNI / CUM MENSIS IVNII AC INDICCIO SEXTA FORET OPUS / HOC HINC SURGERE CEPIT.

Eine weitere, über dem alten seewärts gerichteten Tor an der Nordseite angebrachte Inschrift gibt die Vollendung der Befestigungsarbeiten, die von Filippo Cinardo Graf von Conversano und Acquaviva, und vom einheimischen Stefano di Romualdo Carabarese ausgeführt wurden, mit dem Jahr 1249 an:
CESARIS IMPERIO DIVINO MORE TONANTE / FIT CIRCA CASTRUM MUNITIO TALIS ET ANTE / HUIC OPERI FORMAM SERIEM TOTUMQUE NECESSE / PHILIPPI STUDIUM CINARDI PROTULIT ESSE / QUOQUE MAGIS FIERENT STUDIIS HAEC FAMA TRANENSIS / PREFUIT HIS STEPHANI ROMOALDI CARABARENSIS / ANNO INCARNATIONIS IESU XRISTI MCCXLIX INDIC. VI.

Das Schloß war der bevorzugte Wohnsitz von Manfred, ein Sohn Friedrichs, der hier seine zweite Hochzeit mit Helena von Epirus feierte; unter den Anjous wurden am Bau unter der Leitung von Pierre d'Angicourt weitere Arbeiten ausgeführt, während die im 15. und 16. Jahrhundert durchgeführten Verwandlungen und Anbauten dem Schloß sein heutiges Aussehen verliehen. Nach einer kurzen Zeit unter venezianischer Herrschaft, kehrten Trani und das Schloß in den Besitz von Kaiser Karl V. zurück, wie eine dritte, 1533 datierte Inschrift bezeugt, die an der Südmauer des Hofes in Höhe des zweiten Stockes angebracht ist:
DIVINA CAROLI QUINTI SEMPER AUGUSTI / IMPERATORI MUNIFICENTIA / FERDINANDUS DE ALARCON AREND DUX REGNIQUE / SICILIAE ARCIUM / MUNIMINE PREPOSITUS INSTAURAVIT ANNO MDXXXIII.

Die Inschrift bezieht sich auf die Renovierung des südlichen Hofflügels, die dem Schloß ein "moderneres" und der Renaissance angepaßtes Aussehen verlieh, wobei die alte, mittelalterliche, von den Staufern errichtete Anlage völlig verändert wurde.

Der Hauptturm mit drei Ecktürmen und die auf das Meer schauende Kurtine gehören dem ursprünglichen staufischen Kern an; der auf der Stadtseite liegende Teil ist hingegen aus dem 16. Jahrhundert. Der breite Graben war einst direkt mit dem Meer verbunden, während die alte Zugbrücke heute durch eine Steinbrücke ersetzt ist, die vom Platz vor dem Schloß einen Zugang ermöglicht. Auf dem Architrav über dem Eingangsportal, unter dem Wappen von Karl V., befindet sich eine weitere Inschrift aus dem Jahr 1553, die die unter spanischer Krone erfolgte Umstrukturierung bestätigt:

IANUA ISTA SUB INVICTISSIMO CAROLO QUINTO / ROMANO IMPERATORE TEMPORE NOBILI / PETRI DE MONTALBANO VICE CASTELLANO HUIUS / ARCIS P. MARCO GEORGIO MANRICHEZ / RESTAURATA FUIT ANNO DOMINI MDLIII.

Das Schloß wird zur Zeit einer sorgfältigen Restaurierung unterzogen, nachdem es lange, seit Beginn des 19. Jahrhunderts, als Untersuchungsgefängnis benutzt wurde.

Das Schloß

Ib) Piazza Duomo – Diözesan-Museum - Via Archivio (Palazzo Valenzano, Palazzo Gadaleta) - Via Ognissanti (Palazzo Caccetta, Chiesa di Santa Teresa, Chiesa di Ognissanti) - Via Prologo (Adelspaläste, Chiesa di San Nicola Piccinino) - Via La Giudea, Via Leopardi, Via Scolanova, Via Sinagoga, Via Rodunto (jüdisches Viertel) - Via Porta Antica (Torre dell'Orologio, Chiesa di San Donato) - Piazza Mazzini (Palazzo Gattola Mondelli)

Wir kehren jetzt auf **piazza Duomo** zurück, wo wir das **Museo Diocesano** (Diözesan-Museum) besuchen (täglich 8.00-12.30 Uhr; an ungeraden Tagen auch 15.30-17.30 Uhr; sonntags geschlossen). Das Museum bildet die natürliche Fortsetzung zur Besichtigung der Kathedrale. Das Gebäude, in Erinnerung an die im 17. Jahrhundert vom Erzbischof Alvarez gegründete Einrichtung (wie eine 1627 datierte Tafel an der auf den Platz schauenden Fassade beurkundet) auch **Palazzo del Seminario** (Palast des Seminars) genannt, wurde in jüngster Zeit neuerrichtet und beherbergt seit 1975 vorübergehend zahlreiche Bruchstücke von Skulpturen, Gemälde, Holzschnitzereien und Kirchengeräte, die zum großen Teil aus San Nicola Pellegrino stammen. **Sala I** (Saal I), oder *Lapidarium*, faßt eine Sammlung von 207 Bruchstücken, die den Abbrucharbeiten in der Kathedrale und anderen Kirchen der Stadt entstammen. Unter anderem sind verschiedene Fragmente von Transennen, Chorschranken, Friese und Architrave zu verzeichnen (die ältesten gehen auf das 6.-7. Jahrhundert zurück), sowie Grabplatten einheimischer Familien und romanische Kapitele des 12. Jahrhunderts.

Rechts:
Diözesan-Museum – San Magno, Detail des Polyptychons, dem Maler Z.T. zugeschrieben (16. Jh.)

Diözesan-Museum – Teilansicht des Lapidariums

Rechts: *Diözesan-Museum – Saal II*

Im Treppenhaus zur oberen Etage finden sich Marmorreste des Schmuckes der Kathedrale aus dem 18. Jahrhundert; im oberen Stock besichtigen wir **Sala II** (Saal II), auch Sala degli Arcivescovi genannt (Saal der Erzbischöfe), wo ebenfalls Kirchengeräte des 18.-19. Jahrhunderts ausgestellt sind, sowie verschiedene Gemälde, Büsten, Wappen, Grabplatten, die sich auf hohe Prälaten verschiedener Epochen beziehen; es finden sich ferner vier apulische Vasen des 4. Jahrhunderts v.Chr. und ein Schrank mit Münzen und Medaillen. Kürzlich wurde dem Museum die Lillo-Rapisardi-Sammlung geschenkt, die hier nur zum Teil ausgestellt ist und aus etwa 4500 Stücken besteht (mehr als die Hälfte sind Webrahmengewichte), darunter rot- und schwarzfigurige Vasen jeder Art und Größe, alle aus der Umgebung von Trani stammend. In **Sala III** (Saal III), auch Sala di Paolo VI genannt, ist ein Antependium des 17. Jahrhunderts zu verzeichnen, das 1978 von der Fabbrica di San Pietro (eine Einrichtung des Heiligen Stuhls) gestiftet wurde, sowie eine gleichaltrige hölzerne Büste, die St. Peter abbildet. **Sala IV** (Saal IV) ist Antonio Piccinni gewidmet, ein aus Trani gebürtiger Kupferstecher, der in der zweiten Hälfte des 19. Jahrhunderts tätig war und zu den bedeutendsten in Italien gehört; der Saal faßt von ihm gefertigte Radierungen, Federzeichnungen, ein Ölgemälde und eine

Terrakotta. **Sala V** (Saal V) enthält Gemälde und Holzbüsten, die Heilige abbilden und dem 17. und 18. Jahrhundert angehören: eine aus der Kathedrale stammende *Kreuzabnahme*, sieben Heiligenbilder, die dem Maler Nicola Gliri (17. Jh.) aus Bitonto zugeschrieben werden, eine weitere *Kreuzabnahme* aus dem gleichen Jahrhundert, elf Reliquiarbüsten aus Holz und ein Ölgemälde, das die sogenannte *Madonna del Soccorso* (Schutzmantelmadonna) abbildet. **Sala VI** (Saal VI), auch Sala del Tesoro Capitolare (Saal des Kapitularschatzes) genannt, enthält Reliquienschreine, Paramente und Kirchengeräte aus verschiedenen Epochen. Bemerkenswert sind drei kleine Kreuze, eines aus Goldfolie, die anderen beiden aus Silber, die auf das 7.-8. Jahrhundert datiert werden und im Laufe der Anfang der siebziger Jahre in der Längskrypta del Kathedrale im Bereich der Chiesa di Santa Maria della Scala ausgeführten Ausgrabungen entdeckt wurden. Ein weiteres wichtiges Objekt ist der auf das angiovinische Zeitalter (14. Jh.) datierbare Elfenbeinaltar französischen Ursprungs, der zur Zeit im Tresor verwahrt wird und auf Anfrage gezeigt wird. **Sala VII** (Saal VII) ist dem apulischen Maler Domenico Monetti gewidmet und faßt fünfundzwanzig seiner Bilder, die von der Familie gestiftet wurden, sowie Bilder der sechziger und siebziger Jahre des 20. Jahrhunderts. In **Sala VIII** (Saal VIII) finden wir weitere Skulpturen und Gemälde mit religiösem Thema, darunter ein auf Holz gemaltes *Kruzifix* von 1625, von Vincenzo Carducci unter-

zeichnet; ein *Flügelaltar* aus dem 16. Jahrhundert, der dem als Z.T. bekannten Maler zugeschrieben wird, mit der Abbildung der Heiligen Magnus, Redento und Nikolaus und einer Madonna mit Kind zwischen den Heiligen Barbara und Katharina von Alexandrien in der darüberbefindlichen Lünette; ein *Tafelbild*, das San Nicola Pellegrino, von Szenen aus seinem Leben umrahmt, darstellt, zwischen 13. und 14. Jahrhundert datierbar. **Sala IX** (Saal IX) bietet schließlich einige Beispiele moderner Interpretationen religiöser Kunst; darunter zu verzeichnen sind die Holzintarsia von Andrea Gusmai, die sehr wirkungsvoll und besonders unter dem Gesichtspunkt der Technik überzeugend erscheinen.

Draußen vor dem Museum werfen wir noch einen Blick auf **Palazzo Filisio**, der den Namen einer Familie von Uhrmachern trägt, die ihn im 18. Jahrhundert erbauten, und jetzt in ein Hotel verwandelt wurde. Wir gehen nun rechts durch **via Archivio** weiter, die ehemalige *strada del Tribunale*; auf der rechten Seite sehen wir einen monumentalen Palast aus dem Jahr 1762, den Andrea Valenzano da Rutigliano errichten ließ (wie die Inschrift im Torweg besagt) und der deshalb auch als **Palazzo Valenzano** bekannt ist. Sein architektonischer Aufbau verweist in seiner zurückhaltenden Schlichtheit auf bekanntere Vorbilder des 16. Jahrhunderts; der Kontrast zwischen dem mit Bossenquadern verkleideten Erdgeschoß und dem glatten Obergeschoß wird durch die weichen und abgerundeten Linien der Kanten und Quader, die das Hauptportal umgeben, wieder ausgeglichen. Das Gebäude war zwischen 1790 und 1799 Sitz der Sacra Regia Udienza (Heilige Königliche Rechtsprechung), die dem benachbarten Platz in Richtung des Hafens, auf den eine der Gebäudefassaden schaut, auch den Namen gegeben hat; heute ist es Sitz des **Archivio Notarile Distrettuale** (Notarielles Bezirksarchiv) und, seit 1853, auch einer Abteilung des **Archivio di Stato** (Staatsarchiv), die drei Viertel des gesamten Innerraumes, eine Fläche von 2000 Quadratmetern, einnimmt.

Diözesan-Museum – San Nicola Pellegrino und Geschichten seines Lebens (13.-14. Jh.)

Rechts: *Palazzo Valenzano*

Im Archiv sind etwa 60.000 wichtige geschichtliche Urkunden verschiedener Art aufbewahrt, die sich vor allem auf das 19. Jahrhundert beziehen, sowie die von 1498 bis 1886 abgefaßten Notariatsurkunden der elf Gemeinden, die dem Bezirk von Trani angehören. Sehr interessant ist die Abteilung, die sich mit der Restaurierung und Reproduktion der Pergamenteinbände der alten Notariatsprotokolle befaßt; die dabei angewandten Verfahren und die dadurch erzielten Ergebnisse sind den Originalen sehr ähnlich.

Nachdem wir **piazza Sacra Regia Udienza** überquert haben, gelangen wir auf **piazza Trieste**; hier befindet sich **Palazzo Gadaleta**, ein Gebäude aus dem 17. Jahrhundert, das den Namen einer aus Molfetta stammende Familie trägt. In diesem Palast befanden sich von 1862 bis 1911 die gerichtlichen Kanzleien und bis vor kurzem das Collegio San Paolo (St. Paul-Internat) der Suore Angeliche, während es heute die Büros der Staatsanwaltschaft faßt. Das Gebäude hat ein majestätisches und strenges Aussehen, das durch die Verkleidung mit Rustikaquadern besonders hervorgehoben wird.

Das Bauwerk faßt die alte **Chiesetta di Santa Lucia** mit ein, deren erste Erwähnung auf das Jahr 1145 zurückgeht und die zu den vielen Kirchen gehörte, die im 12. Jahrhundert die Hafenbucht umgaben. Sehr früh verlassen und später entweiht, wurde sie im Laufe der Jahrhunderte zu den verschiedensten Zwecken benutzt, sogar als Bootsschuppen, wobei der Apsidenteil als Eingang diente. Sie befindet sie sich heutzutage im Inneren von Palazzo Gadaleta und das einzige, was von ihr noch erhalten ist, ist das mit Rosenkranzperlen verzierte Portal.

Portal der Chiesetta di Santa Lucia, in Palazzo Gadaleta einverleibt

Auf der rechten Seite des Platzes beginnt **via Ognissanti**, an deren Ecke sich **Palazzo Caccetta** mit Hausnummer 5 befindet. Angeblich wurde der Palast Mitte des 15. Jahrhunderts über ein älteres Gebäude errichtet; sein Name rührt von Simone Caccetta her, ein unternehmungslustiger und wohlhabender Kaufmann von Trani, der das Gebäude renovieren ließ. Nach 1484 gehörte der Palast der Gemeinde; hier wohnten zwischen 1495 und 1509 die venezianischen Gouverneure, 1642 wurde daraus ein Theresianerkloster und ein Seminar im 18. Jahrhundert; in neuerer Zeit wurde hier der Sitz der Casa del Clero (Haus des Klerus) eingerichtet und heute enthält der Bau eine Schule.

Interessant sind die Reste des Originalschmuckes im spätgotischen Stil, wie die Fenster (dem Zwillingsfenster am linken Ende fehlt die Säule in der Mitte, darüber ist das Wappen der Familie Caccetta zu sehen) und das Portal (man achte auf die kleinen Köpfchen, die fast unsichtbar aus dem Blattwerk hervorlugen) auf der engen via Ognissanti, sowie die Reste der auf Kapitellen stützenden Laube im kleinen Innenhof. Diese Elemente scheinen stilistisch nicht zueinander zu passen, sodaß man vermuten kann, sie gehören verschiedenen Fassungen des Gebäudes an; der Innenhof ist zudem weitgehend umstrukturiert, doch ein reich verziertes Fenster im ersten Stock, den Beispielen auf der Fassade der Kathedrale sehr ähnlich, ist noch erhalten. Im ersten Geschoß bemerken wir zwei gegenüberliegende gotische Portale, über dem einen ist das Familienwappen der Caccetta zu sehen, das andere ist mit Diamantspitzen geschmückt.

An diesen Palast ist **Chiesa di Santa Teresa** angebaut, deren Fassade jedoch auf **piazza Sedile San Marco** schaut.

Palazzo Caccetta – Teilansicht der Fassade in via Ognissanti

Die Kirche entstand zwischen 1754 und 1768 am Ort der abgerissenen Chiesa di San Marco; die strengen und massiven Volumen des Bauwerkes, die durch den Einsatz von rustikalem Bossenwerk gekennzeichnet sind, erstrecken sich in Richtung der See und werden nur auf der Fassade aufgelockert, auf der dank einer geschickten Dosierung an Dekoration und geschwungenen Formen beachtenswerte Helldunkeleffekte erzielt werden. Die Front ist durch ein stark hervorspringendes Hauptgesims in zwei Niveaus geteilt, darunter befinden sich drei Fenster auf der oberen Ebene und drei große Bögen im Parterre, während der obere Teil ein geschwungenes Profil mit eleganten Seitenvoluten zeigt, in dessen Mitte sich eine Nische mit der steinernen Statue von *Santa Teresa*, einem Werk des Bildhauers Giuseppe Bassi aus Trani, befindet. Das Kircheninnere hat einen achteckigen Grundriß und ist von einer Kuppel bedeckt. Der reiche Schmuck stammt aus der Zeit der Errichtung des Bauwerkes: wir finden einen hölzernen, geschnitzten und bemalten Chor, vier Chorkapellen und Beichtstühle mit seitlichen Sitzen. Unter den Gemälden sind zwei Werke von Giambattista Calò zu verzeichnen, die einen *Zweifelnden Sankt Joseph* und eine *Madonna in Gloria mit den Heiligen Simon Stock und Theresa* abbilden. Beachtenswert ist auch ein Reliquienschrein in Form einer Büste des Heiligen Joseph, Werk eines unbekannten neapoletanischen Schnitzers aus dem 18. Jahrhundert.

Nun verlassen wir die Kirche und überqueren den Platz, um die **Chiesa di Ognissanti** (Allerheiligen-Kirche) zu erreichen.
Sie wurde auch *Chiesa dei Cavalieri Templari* (Tempelritter-Kirche) genannt (die Anwesenheit dieses Ritterordens ist in Trani im Jahr 1143 urkundlich belegt), wie eine Inschrift in der Nähe des rechten Seiteneinganges angibt. Die Kirche ist eine kleine Perle romanischer Architektur, die, auch wenn in Miniaturgröße, der Klasse und Epoche der großen Kathedralen angehört. Auch die benachbarten Baukörper ermöglichen eine Datierung der Kirche etwa um die Mitte des 12. Jahrhunderts; sie schaut mit einer Laube, die jetzt durch ein Gitter geschützt ist und auf Säulen mit schönen Kapitellen stützt, auf via Ognissanti. Drei Eingänge, wovon der mittlere mit einem reich verzierten Rahmen und zwei Tafeln in der Lünette, die die *Verkündigung* abbilden, dekoriert ist, nehmen die innere Einteilung voraus, die aus einem rechteckigen, dreischiffigen Grundriß ohne Querhaus besteht; die absolute Schlichtheit und ursprüngliche Strenge werden von den mit Kapitellen geschmückten Säulenreihen unterstrichen, wobei die Kapitelle in ihrer äußerlichen Form denen der benachbarten und zeitgenössischen Kathedrale sehr ähnlich sind. Ein sichtbares Dachgerüst aus Holzbalken deckt das Hauptschiff, während die Seitenschiffe mit Kreuzgewölben überdacht sind.

Rechts:
Chiesa di Santa Teresa – die Fassade

Chiesa di Ognissanti – Detail des Apsidenfensters

Rechts: *Jüdisches Viertel – Blick auf via La Giudea*

Im rechten Seitenschiff wird ein Ölgemälde der venezianischen Schule aus dem 16. Jahrhundert verwahrt, das eine *Madonna mit Heiligen* abbildet, während am Ende desselben Schiffes eine *Madonna mit Kind* auf Holz zu sehen ist, die Rico da Candia (16. Jh.) zugeschrieben wird. Der wertvollste und interessanteste Teil der Kirche ist jedoch die Apsisfassade, die auf das Meer schaut und in der Mitte ein sehr schönes großes Fenster zeigt, das von zoomorphen Kragen umgeben ist und von einer Reihe kleiner Blendbögen eingerahmt wird. In Höhe von Hausnummer 38 auf via Ognissanti sehen wir, eingemauert in die Fassade eines Privathauses, die **Stirnseite eines Sarkophags**, deren unterer Teil durch das Fundamentniveau des Gebäudes verborgen ist. Allgemein auf die erste Hälfte des 6. Jahrhunderts datiert, ähnelt dieses Manufakt unbekannten Ursprungs im Stil und der Struktur gleichartigen Objekten aus Konstantinopel. Der sichtbare Teil zeigt drei Nischen (die wohl ursprünglich fünf waren), wovon die mittlere ein lateinisches Kreuz faßt und die zwei seitlichen Engelsfiguren enthalten.

Das jüdische Viertel (*Quartiere ebraico – via La Giudea, via Leopardi, via Scola Nova, via Sinagoga, via Rodunto*)

Kehren wir jetzt bis zur Kirche von Santa Teresa zurück, und gehen von hier aus auf der Linken **via Prologo** entlang, die einst *strada La Spina* hieß (wahrscheinlich mit einem Verweis auf die nahgelegene Tempelritteranlage); von hier aus erreichen wir die Mitte der Altstadt, wo sich die sogenannte Giudecca befindet, das im Mittelalter von den in Trani ansässigen Juden bewohnte Viertel. Die jüdische Kolonie hatte sich schon vor der Ausweisung der Juden aus den Königreichen von

Kastilien und Aragon, die 1144 erfolgte, in Trani in der Nähe des Hafens zwischen Porta Antica und Scolanova und der Kirche von Sant'Anna angesiedelt; nach dem *Itinerario* von Beniamino da Tudela, gab es in Trani im Jahr 1168 mindestens 200 jüdische Familien; dank der von Friedrich II. von Hohenstaufen in der ersten Hälfte des 13. Jahrhunderts erhaltenen Benefizien, war die Gemeinde imstande, vier Synagogen zur Feier der

Chiesa di San Nicola Piccinino – die Fassade

Liturgie nach ihrem eigenen Ritus zu errichten. Bis zum Beginn des 20. Jahrhunderts gedachte eine Sühneprozession immer noch eines schweren Vergehens, dessen sich eine Jüdin schuldig gemacht hatte, da sie eine geweihte Hostie in der Pfanne gebraten und somit ein Sakrileg begangen hatte; angeblich soll sich der Frevel durch einen unaufhaltsamen Bluterguß offenbart haben, und seine Relikte sind heute noch in der kleinen Kirche von Sant'Andrea aufbewahrt (*siehe Rundgang durch den II. Bezirk*). Am Ort des übernatürlichen Vorfalles, nicht weit von Sant'Andrea entfernt, steht jetzt eine **kleine Kirche**, die vor kurzem restauriert wurde und eben **Chiesetta del Miracolo Eucaristico** (Kirche des Eucharistischen Wunders) heißt.

In via Prologo steht auf unserer Linken, an der Ecke mit via Ognissanti, **Palazzo Filangieri**, ein altes Gebäude, das unter anderem der Familie Pignatelli aus Neapel gehörte; sein heutiges, ausgewogenes und harmonisches Aussehen geht auf radikale, 1772 von Familie Laghezza ausgeführte Renovierungen zurück; heute ist es Sitz der Suore Salesiane dei Santi Cuori (Salesianerschwestern der Heiligen Herzen). Gehen wir via Prologo entlang weiter, bemerken wir auf der rechten Seite neben der ehemaligen Residenz von Familie Sifola (an der Ecke mit via Ognissanti gegenüber von Palazzo Filangieri-Laghezza) **Palazzo Bianchi**, ehemaliger Besitz der Familie Del Giudice; auch in diesem Falle brachte der Übergang in einen neuen Besitz im 18. Jahrhundert eine radikale Veränderung der Anlage mit sich. Äußerst interessant ist das Portal, dessen Scheitelstein mit Maskaron und Wappen dekoriert ist, und der Schmuck über den Fenstern. Weiter auf der rechten Seite finden wir die im 16. Jahrhundert errichtete **Chiesa di San Nicola Piccinino**; diese reizende kleine Kirche ist

Oben:
Chiesa di San Nicola Piccinino, das Innere – Detail eines Holztafelbildes, das den Heiligen Nicola Pellegrino abbildet

Palazzo Bianchi, die Fassade – Detail des Wappens über dem Hauptportal

durch eine Bossenquaderverkleidung gekennzeichnet; heute ist sie in privatem Besitz und wird nur wenige Male im Jahr geöffnet, meist bei Gelegenheit der wichtigsten Festtage.
Im Inneren befindet sich eine kleine Seitenkapelle, die gänzlich mit Holz verkleidet und mit einem Trompe-l'oeil ausgeschmückt ist; in der Mitte des unechten Altarbildes ist der Heilige Nicola Pellegrino dargestellt. Der Steinaltar wurde 1728 vom Erzbischof Davanzati geweiht.

Vico Morola – Ädikula

Rechts: *Via Leopardi – mit Figuren geschmückte Steinplatte im Innenhof des ehemaligen Klosters der Suore di San Giovanni*

Jetzt biegen wir links in die via La Giudea ein; gleich an der Ecke zwischen den beiden Straßen erhebt sich **Palazzo Lopez**, heute im Besitz der Familie Petta; die auf via La Giudea schauende Fassade ist im oberen Teil mit einer besonderen Art von kleinen, viereckigen Bossenquadern verkleidet, die sich stark von der Oberfläche abheben, wie im Falle von Palazzo De Angelis und Palazzo De Angelis Ventricelli (*siehe Rundgang durch den II. Bezirk*). Ihm gegenüber befindet sich **Palazzo Sifola**, im 17. Jahrhundert erbaut und mit einer schönen Balustrade im Hof versehen.

In via La Giudea finden wir auch die **Chiesa di Sant'Anna** (ehemalige Synagoge), die 1247 errichtet wurde, wie eine im Inneren verwahrte, hebräische Inschrift erklärt. Im 14. Jahrhundert wurden alla Synagogen in christliche Kirchen verwandelt und Sant'Anna wurde nach den Heiligen Quirico und Giovita getauft; in via La Giudea sind die Reste des ursprünglichen Eingang es mit spitzem Giebel zu sehen. Schon seit einiger Zeit besteht der Wunsch, die Kirche erneut als Zentrum jüdischer Kultur einzurichten und die bestehenden, hebräischen Inschriften zusammenzutragen, die die wichtige Rolle dieser Gemeinschaft im wirtschaftlichen und kulturellen Mosaik der Stadt schon ab dem 12. Jahrhundert bezeugen.

Ein Abstecher nach rechts führt uns in den vico Morola, wo, neben der überlebenden Fassade einer Kirche, eine Nische mit einem auf Säulen stützenden Architrav und Engel- und Blumenschmuck einen kleinen Altar enthält.

Auf der Rückkehr zu via La Giudea gehen wir unter dem Bogen auf der Rechten entlang und zweigen danach wieder nach rechts in die **via Leopardi** ab, die von hier aus bis zur via Beltrani führt. Auf der linken Seite bemerken wir ein mit Diamantspitzen geschmücktes Portal und bei Hausnummer 28 einen Eingang, der in den Hof eines Gebäudes führt, das einst zum Kloster der Schwestern von San Giovanni gehörte; die Nonnen kehrten zu Beginn des 20. Jahrhunderts zur alten Kirche zurück, nachdem sie ihren ursprünglichen Sitz gegenüber der Kirche von San Giovanni Lionelli in via Beltrani infolge der Abschaffung der religiösen Orden verlassen hatten. Das Portal und der Hof gehen auf das 15. Jahrhundert zurück; in letzterem sind noch die Reste einer zweiarmigen Treppe zu sehen, deren Stufen durch ein Stäbchengesims hervorgehoben wurden; am Geländer sind drei rätselhafte Gesichter (die Steinplatte ist mit Sicherheit älter und wiedereingesetzt worden), sowie einige Reliefs mit Pflanzenmuster eingemauert. Kleine Vielpaßbögen laufen an den Wänden entlang und ein Balkon führt in den Garten. Wie man erahnen kann, wurde das Gebäude stark entstellt, und nur wenige Elemente, wie die Gewölbe, Flure und Bogenkämpfer, gehen auf die mittelalterliche Fassung zurück.

Kehren wir nun nochmals zurück, um gleich nach dem Bogen rechts **via Scolanova** zu erreichen, wo sich die **Chiesa di**

Santa Maria Nova oder Scolanova befindet; diese Kirche wurde 1244 errichtet und in ihrem Inneren ist die sogenannte Arca, der typische Altar der jüdischen Lithurgie, zu sehen. Auf der Rechten beginnt **via Sinagoga**; parallel zu ihr verläuft **via Rodunto**, wo noch eine Reihe von **Häuserblocks aus dem 15. Jahrhundert** erhalten ist, die im Vergleich zu anderen, ehemaligen herrschaftlichen Häusern bescheidener erscheinen mögen, jedoch durch einige interessante Baudetails gekennzeichnet sind, wie die Portale mit hervorspringendem, eckigem Rahmen, die, wie wir schon gesehen haben, für Wohnhäuser des 15. Jahrhunderts typisch sind.

Nun kehren wir zur via La Giudecca zurück und biegen nach der Kirche von Scolanova nach rechts ab; Hausnummer 41 besitzt ein weiteres, spitzbogiges Portal mit eckigem Rahmen, das zeitlich der Spanne zwischen 14. und 15. Jahrhundert angehört; von hier aus gelangen wir zur **Porta Antica** (Altes Stadttor), die noch den Namen des Stadttores, auch *Porta Aurea* genannt, trägt und Bestandteil der ältesten Stadtmauer war; einziger, davon überlebender Rest ist ein Bogen mit alten Laternen, die nachts den Durchgang erleuchten. Wir gehen rechts unter den Bogen hindurch und steigen die Treppen von **via Porta Antica** hinauf; am Ende der engen, malerischen Gasse, die zur **Chiesa di San Donato** und in das gleichnamige Viertel führt, befindet sich die 1473 datierte **Torre dell'Orologio** (Uhrturm), wie eine alte Inschrift an der Nordseite besagt, über welcher das Stadtwappen angebracht ist. Der Turm ist nach dem Kirchturm der Kathedrale der höchste Bau von Trani.

Die **Chiesa di San Donato** schaut auf **piazza Mazzini**; hier ist auch die eindrucksvolle Fassade von **Palazzo Gattola Mondelli** zu sehen, der im 17. Jahrhundert von der gleichnamigen Familie erworben wurde und ursprünglich der Familie Piccione gehörte.

Via Leopardi – Hauptpfosten der Treppe im Innenhof der ehemaligen Klosteranlage der Schwestern von San Giovanni

Rechts: *Chiesa di Santa Maria di Scolanova (ehemalige Synagoge)*

II. Bezirk - die Stadt des 12.-18. Jahrhunderts

Der zweite in unserem Rundgang besuchte Bezirk entspricht dem Gebiet, in dem die langsame, doch stetige Ausdehnung der Stadt ab 1100 bis etwa zum 18. Jahrhundert erfolgte und wo zahlreiche kirchliche Bauten unser Interesse erwecken.
Im Allgemeinen ist dieser Bezirk weniger zusammenhängend als der vorherige; er entwickelte sich um die heute dem Heiligen Franz geweihte Kirche (San Francesco), und via Mario Pagano und via Ognissanti bildeten seine wichtigsten Straßenachsen. Bedeutende Pole des Viertels waren die alte *platea rerum venialium*, die bis 1800 als Marktplatz dienende Fläche (heute piazza Marconi genannt), und piazza Longobardi.

Sicht der Hafenbucht

Piazza Mazzini – Via M. Pagano (Paläste) – Via Sant'Agostino (Kirche und Kloster von Sant'Agostino) - Via Pedaggio di Santa Chiara (Kirche und Kloster von Santa Chiara) – Via M. Pagano (Palazzo De Angelis, Chiesa di San Toma, Chiesa di Sant'Andrea, Chiesa di San Francesco) – Via Ognissanti (Palazzo Forges Davanzati, Palazzo De Angelis Ventricelli, Casa de Agnete) – Piazza Longobardi – Via Statuti Marittimi

Von **piazza G. Mazzini** schlagen wir rechts **via Pagano** ein; bevor wir links in **via Sant'Agostino** abbiegen, finden wir auf der linken Seite die **Case Covelli und Palumbo**, deren heutiges Aussehen auf das 18. Jahrhundert zurückgeht, deren Errichtung jedoch älter ist, wie das Wappen der Familie Palagano am Eingang des Palumbo-Hauses und die zwei symmetrischen Spitzbögen der Hausnummern 98 und 100, vielleicht die ursprünglichen Hauseingänge, vermuten lassen; auf

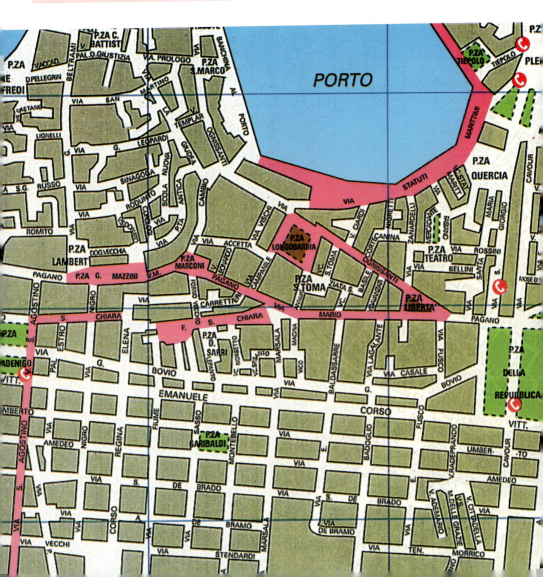

der Rechten erhebt sich der strenge **Palazzo Sarlo**, im 18. Jahrhundert erbaut und hinter der Chiesa di San Giacomo befindlich. In **piazza Gradenigo** finden wir die **Chiesa di Sant'Agostino**. Die Kirche wurde 1503 während einer schweren Pestepidemie mit der Unterstützung des venezianischen Gouverneurs in Trani Giuliano Gradenigo erbaut und dem Heiligen Sebastian geweiht. Die harmonische und bewegte Fassade, die zur kompakten Masse des Bauwerkes einen starken Gegensatz bildet, ist horizontal in zwei Ebenen aufgeteilt und mit einem Giebel gekrönt, in dessen Nische ein Abbild des Heiligen steht. Die Front wird durch ein Portal und ein großes Fenster im oberen Teil, sowie durch seitliche Voluten und gekuppelte Wandpfeiler aufgelockert. Links neben der kurzen Zugangstreppe bemerken wir einen Markuslöwen und an der Mauer des ehemaligen Klosters die Lünette mit der Inschrift, die Datum und Gründer erwähnt.

Treten wir nun aus der Kirche von Sant'Agostino und schlagen links **via Pedaggio di Santa Chiara** ein, die uns zur **Chiesa di Santa Chiara** und zum anliegenden **Kloster** (Monastero) führt, beide im 14. Jahrhundert errichtet und in der darauffolgenden Zeit umstrukturiert. Es handelt sich um ein Gebäude mit einer strengen Bossenwerkfassade und einem typisch barocken Inneren; die Kirche enthält ein Gemälde des neapoletanischen Malers Fabrizio Santafede, der zwischen 16. und 17. Jahrhundert lebte, das eine *Gnadenmutter mit den Heiligen Peter, Paul, Benedikt und Agnes* abbildet, eine *Verkündigung*, die dem Maler Paolo de Matteis (1662-1728) zugeschrieben wird, und ein Fresko in der Deckenmitte, das den *Märtyrertod der Heiligen Agnes* darstellt, ein 1767 datiertes Werk von Giambattista Calò.

Chiesa di Sant'Agostino – der Markuslöwe

Rechts: *Chiesa di Sant'Agostino – die Fassade*

Monastero di Santa Chiara – Detail des Fensters über dem Portal

Rechts: *Chiesa di San Francesco – die Fassade*

Weiter beachtenswert sind ein Holzkruzifix aus dem 16. Jahrhundert und der Hauptaltar aus dem 18. Jahrhundert aus gemeißeltem und eingelegtem, polychromem Marmor.

Das Kloster erhielt in der ersten Hälfte des 15. Jahrhunderts seine heutige Gestalt; der Platz, auf den der Bau schaut, hieß damals, wie eine Inschrift an der Mauer links vom Portal besagt, *largo Portaria di Santa Chiara*. Das sehr schöne Portal besitzt einen ähnlichen Aufbau wie jene der zeitgenössischen Palazzo Lambert (einst Palagano) auf dem gleichnamigen Platz, und Palazzo Caccetta in via Ognissanti; im oberen Teil ist ein schönes Fenster mit reichverzierten Pfosten, Kämpfern und Archivolte zu sehen.

Gehen wir nun via Pedaggio di Santa Chiara weiter entlang, so gelangen wir auf **via M. Pagano**.

Auf der linken Seite, an der Ecke zwischen den zwei Straßen, befindet sich **Palazzo De Angelis**, der zwischen 17. und 18. Jahrhundert einer der bedeutendsten Familien von Trani gehörte; der obere Teil ist durch einen besonderen Typ von Bossenquadern gekennzeichnet, die abwechselnd waagerecht und mit der Kante nach außen angelegt sind, ähnlich denen, die schon am Palazzo Lopez vermerkt wurden (*siehe Rundgang I.b im I. Bezirk*).

Ein Abstecher in die via Annunziata, links von via Pagano, führt uns auf den Platz, wo sich die **Chiesetta di San Toma** befindet, in der ein bemaltes Holzreliefbild aus dem 15. Jahrhundert verwahrt wird, das eine *Verkündigung* abbildet und der abgerissenen Chiesa dell'Annunziata entstammt. Es handelt sich um ein besonders wertvolles Stück im Rahmen der apulischen Plastik des 15. Jahrhunderts, in mancher Hinsicht ein außerordentliches Werk, da die Forscher seine grundsätzliche Affinität zur zeitgenössischen umbrischen Plastik ausgemacht haben. Auf via Pagano zurückgekehrt, gehen wir jetzt auf der rechten Seite bis zur **Chiesetta di Sant'Andrea** weiter, deren jetziger Eingang sich heute in der rechten Seitengasse hinter dem Bogen versteckt befindet.

Es handelt sich um eine interessante kleine Basilika byzantinischen Typs, die vermutlich im 11. Jahrhundert oder zu Beginn des darauffolgenden errichtet wurde und bis 1644 dem Heiligen Basilius geweiht war. Sie gehört der vielverbreiteten Klasse der Kuppelkirchen an und ist wahrscheinlich eine der ältesten in Apulien noch erhaltenen, obwohl das Äußere zu unbestimmtem Zeitpunkt überarbeitet wurde. An der heutigen Fassade sind tatsächlich außer den anmutigen kleinen, durchbrochenen Rautenfenstern keine weiteren ursprünglichen Elemente mehr vorhanden; das Innere ist nach dem sogenannten basilianischen Modell in Form eines griechischen Kreuzes angelegt und mit einer halbkugelförmigen, zentralen Kuppel überdacht, die auf vier Kalksteinsäulen mit Kapitellen stützt; außen ist die Kuppel mit einem mit «chiancarelle» (Steinziegel) verkleideten Pyramidendach bedeckt.

Im Apsidenteil sind die drei halbkreisförmigen Apsiden noch erhalten; sowohl die Säulen, als auch die Halbsäulen an den Wänden sind zum Teil wiederbenutzt: man betrachte, zum Beispiel, die erste Säule auf der Rechten, die einen Meilenstein der via Trajana einfaßt, der eine auf Kaiser Konstantin bezogene Inschrift trägt. Die Kirche ist am ersten Sonntag des Monats geöffnet.

Gehen wir via Pagano weiter entlang, so erreichen wir piazza della Libertà, wo sich auf der rechten Seite die **Chiesa di San Francesco** befindet.

Die Kirche wurde ursprünglich Chiesa della Santissima Trinità di Cava genannt und geht auf das späte 12. Jahrhundert zurück, da sie von den Benediktinern um 1176 errichtet und 1184 vom Erzbischof Bertrand geweiht wurde; im 16. Jahrhundert wurde sie den Franziskanern überlassen und 1897 restauriert. Sie gehört dem Typ der apulischen Kirchen mit angereihten Kuppeln an und ist eine der wenigen davon, die mit drei Kuppeln versehen sind, wie San Benedetto in Conversano, Ognissanti di Cuti in der Nähe von Valenzano und San Corrado in Molfetta, alle in der Provinz von Bari gelegen. Die drei Kuppeln decken das Hauptschiff; ein achteckiger Tambour, der von einem Sägezahnring und kleinen Bögen auf Kragsteinen umgeben ist, deckt die mittlere und höhere, während die anderen beiden mit dem üblichen Pyramidendach mit Steinziegeln abgedeckt sind. Die Fassade hat ein einfaches Giebeldachprofil, das durch eine Reihe kleiner Bögen auf Kragsteinen betont wird und dem zu späterem Zeitpunkt ein Glockengiebel hinzugefügt wurde. Die Lünette über dem Portal ist mit einer anmutigen Steintransenna verschlossen; der Eingang ist mit einem kleinen bogenförmigen Baldachin überdacht, der auf schlanken Marmorsäulen stützt und dessen Rundbogen mit einer Diamantierung und Sägezähnen ausgeschmückt ist. Sowohl an der Fassade, als auch an der Nordfront, die auf die Straße schaut, sind noch die Spuren von Bogenkämpfern zu erkennen, die wohl ursprünglich einer davorbefindlichen Vorhalle angehörten.

Das Innere ist durch Kreuzpfeiler in drei Schiffe aufgeteilt; die heutige Aufmachung der Kirche, die später ausgeführt wurde, hat die ursprüngliche Anlage gewahrt; am Sockel der Pfeiler ist die Verkleidung, die sie einst gänzlich verbarg, noch zu sehen.

Von piazza Libertà gehen wir wieder auf via Ognissanti zurück und finden dort gleich rechts **Palazzo Forges Davanzati**, der auch als Palazzo Covelli bekannt ist. Er gehörte bis 1753 der adligen Familie De Boctunis; in jenem Jahr wurde er von den Forges Davanzati aus Palo del Colle erworben, die ihn dann vollkommen renovierten und auch die Aufstockung ausführen ließen. Man achte besonders auf das Hauptportal, über dem sich das Wappen der Eigentümer befindet, und auf die Eckbalkone, die auf gewundenen Kragsteinen stützen. Im Innenhof sehen wir eine dreifache Arkadenordnung im Hintergrund, hinter welcher die große Treppe in das Obergeschoß führt.

Gegenüber befindet sich **Palazzo De Angelis-Ventricelli**, der im 17. bis 18. Jahrhundert einer der wichtigsten Familien von Trani gehörte; Rustika kennzeichnen das untere Geschoß, viereckige Bossenquader das obere. Die Steinwappen der Familie sind an den Ecken und über dem majestätischen Portal des Hauses zu sehen, das durch das besondere, die gesamte Fläche einnehmende Bossenwerk besonders effektvoll erscheint. In via Ognissanti Hausnummer 90/92 finden wir ein interessantes Zeugnis mittelalterlicher Bauweise, **Casa de Agnete**, ein 1283 von Nicola Lombardo, Sohn von Giovanni de Agnete, errichtetes Haus. Die Fassade, fast gänzlich erhalten, zeigt ausgesprochen raffinierte architektonische und schmückende Details an den zwei oberen Etagen: ein schönes Fenster mit innerem Paßprofil, einst gewiß ein Zwillingsfenster, dem jetzt die zentrale Säule jedoch fehlt, über dem sich ein gezahnter, äußerer Satteldachrahmen befindet, der auf kleinen Säulen stützt; zwei kleine Fenster mit einem Licht und Lünettenbogen an den Seiten; ein großes Mittelfenster mit Rundbogenprofil auf der oberen Etage.

Palazzo Forges-Davanzati – Teilansicht des Innenhofes

Nun erreichen wir **piazza Longobardi**, wo täglich der Markt stattfindet und dessen Name wahrscheinlich auf eine lombardische Kolonie zirückgeht, die sich im 13. Jahrhundert an diesem Ort niederließ.
Auf den Platz schaut **Palazzo Vischi**, in dem die **Biblioteca Comunale** (Städtische Bibliothek) untergebracht ist und in dessen Innenhof das sogenannte **Fenster von Casa Ciardi** angebracht ist, das durch ein Muster ineinander verflochtener Bögen gekennzeichnet ist und allgemein dem 15. Jahrhundert zugeschrieben wird; es entstammt einem abgerissenen Gebäude in via Sinagoga.

Nach dem Platz biegen wir rechts in die **via Statuti Marittimi** ein, die zur Erinnerung an die Verlautbarung (1063) der angeblich ältesten Gesetze für den Seeverkehr des Mittelalters so getaufte Straße.

Rechts: *Via Ognissanti – die sogenannte Casa de Agnete*

DIE ORDINAMENTA MARIS

Die *Ordinamenta et consuetudo maris edita per consules civitatis Trani* bilden eine äußerst wichtige Etappe in der Geschichte von Trani und bezeugen eine öffentliche Anerkennung der Rolle dieser Stadt in der Seefahrt. Es handelt sich um ein Werk über das Gewohnheitsrecht in der Seefahrt, das aus 32 Kapiteln besteht und allgemein auf das 11. Jahrhundert datiert wird; es ist uns durch eine venezianische Ausgabe der Statuti di Fermo (Gesetze von Fermo) aus dem Jahr 1507 überliefert worden. Das Datum von 1063, das im Titel erwähnt wird, hat jedoch Grund zu zahlreichen Diskussionen gegeben; die Vertreter einer so frühen Datierung führen hauptsächlich rechtliche und geschichtliche Argumente an und heben hervor, daß Trani zwischen 11. und 12. Jahrhundert einen besonders günstigen Zeitabschnitt im Handel auch dank seiner Unabhängigkeit erlebte. Die alternativen Datierungen schwanken über eine Zeitspanne von fünf Jahrhunderten, wobei die glaubwürdigste hauptsächlich auf sprachlichen und philologischen Untersuchungen gründet und das Datum von 1363 angibt; diese Vermutung schließt das Bestehen einer ursprünglichen lateinischen Textfassung (die erst später ins Italienische übersetzt worden sein soll) aus und hält die Fassung von Fermo für das Original. Die Glaubwürdigkeit des Datums von 1363 scheint nicht nur durch einige Gründe, die aus der Urkunde selbst hervorgehen, wie die Indiktion, bestätigt zu sein (also jene Jahreszahlangabe, die im Mittelalter äußerst verbreitet war und aus einer Zahl einer fortlaufenden Folge bestand, die ein bestimmtes Jahr innerhalb eines fünfzehnjährigen Zyklus einnahm), sondern sie erscheint vor allem aufgrund der sprachlichen Struktur plausibel, die Kontaminationen und Integrationen zwischen venezianischen und apulischen Elementen zeigt, die dazu noch mit Redewendungen aus den Marken, der Toskana und dem Lateinischen vermischt sind. Es handelt sich also um Eigenheiten, die zu einem so frühen Zeitpunkt wie 1063 undenkbar sind, drei Jahrhunderte später hingegen vorstellbar sind, ohne damit die Bedeutung herabsetzen zu wollen, die den *Ordinamenta* von Trani im Rahmen des mittelalterlichen Seerechtes und der Stadt selbst als wichtiger Hafen im mittelländischen Handel zukommt.

III. Bezirk – die Stadt des 18. Jahrhunderts

Der dritte Bezirk schließt das Hafenbecken im Süden ab; er erhielt seine endgültige Form im Laufe des 18. Jahrhunderts, obwohl er auch schon davor von einer beschränkten Bebauung betroffen war. Abgesehen von einigen großen auf das Meer schauenden Kirchenbauten (Sant'Antonio, Dominikanerkirche und Kloster, Karmeliterkirche und Kloster), hatte sich schon früher im einst *locus Sancti Georgi* genannten Bereich das Gewerbegebiet entwickelt, das auch gesundheitsschädliche Tätigkeiten miteinbezog: Mühlen, Bäckereien, der Schlachthof, eine Ledergerberei, das Arsenal und die Salpeterverarbeitung hatten hier ihren Sitz. Aus diesem Grund war das Gebiet östlich des Hafens zu Wohnzwecken nicht geeignet, bis schließlich im 18. Jahrhundert der neu aufkommende Mittelstand der Kaufleute jene Betriebe mit Ausnahme der Mühlen systematisch entfernte, um hier die neuen herrschaftlichen Wohnsitze würdevoll einzurichten; so wurde das Aussehen dieses Bezirkes endgültig verwandelt. Das Gebiet ist um via San Giorgio angelegt, die auch die Verbindung zu den neuen Vierteln des 19. und 20. Jahrhunderts herstellte.

Traditionelle Methode zum Ausbessern der Fischernetze

RUNDGANG DURCH DIE ALTSTADT: *III. BEZIRK*

Via Statuti Marittimi – Piazza Plebiscito (Kirche und Kloster von San Domenico) – Stadtpark – Fortino und Chiesa di Sant'Antonio – Kirche und Kloster del Carmine – Palazzo Di Gennaro-Soria – Piazza Quercia (Palazzo Palumbo-Quercia, Palazzo Antonacci-Telesio / Kutschenmuseum) – Via San Giorgio – Chiesa di San Rocco.

Unser Spaziergang geht weiter **via Statuti Marittimi** hinunter, die am innersten Teil des Hafens entlangführt, wo die Fischer am Werk sind und ihre Boote vor Anker liegen. Nach piazza Quercia, die wir auf dem Rückweg untersuchen werden, gelangen wir auf piazza Plebiscito, wo sich die **Kirche und das Kloster von San Domenico** befinden.

Die Anlage wurde von den Dominikanern 1763 an der Stelle der abgerissenen Chiesa di Santa Croce aus dem 14. Jahrhundert errichtet. Es handelt sich um ein typisches Beispiel kirchlicher Baukunst des 16.-17. Jahrhunderts; man betrachte zum Beispiel die eigenartige Scheinfassade, die in drei Abschnitte unterteilt ist und auf schlichte und harmonische Weise durch das geschwungene Profil, die Lisenen, die sie senkrecht teilen, und das große Mittelfenster und die Seitennischen belebt wird.

Chiesa di San Domenico – die Fassade

Das zweite Bild ist ein Werk von Giambattista Calò und stellt eine *Anbetung der Hirten* dar; es wurde 1777 ausgeführt und bildet den Flügel des Altars der Familie Antonacci.

Am Ende des Platzes gelangen wir zum **Stadtpark** (Villa Comunale), der sich auf einer Terrasse der alten Stadtmauer am Meeresufer befindet; zwischen Palmen, Steineichen und Pinien blühen kleine Beete, außer den Brunnen gibt es sogar ein Miniaturaquarium. Der Park bietet sowohl den Einheimischen als auch uns Besuchern Gelegenheit zu einem angenehmen Rast; von hier aus schweift der Blick von der Kathedrale, ganz links, zur Halbinsel von Colonna mit der aufs Meer schauenden Abtei. Am mittleren Weg steht das *Gefallenendenkmal*, das 1923 vom Künstler Antonio Bassi aus Trani gefertigt wurde; sechs Meilensteine der alten Via Trajana aus der Strecke zwischen Ruvo und Canosa säumen die Wege auf der rechten Seite. Am linken Ende des Gartens befindet sich der Eingang zur alten Festung, die zur Bewachung der östlichen Hafenspitze diente: es handelt sich um das **Fortino di Sant'Antonio**, das die **gleichnamige alte Kirche** enthält. Von hier aus kann man über die ganze, von der Altstadt umgebene Bucht blicken, wobei die Kathedrale, die drei Apsiden der Chiesa di Ognissanti und der hintere Teil der Kirche von Santa Teresa klar erkennbar sind.

Im Kircheninneren wird eine *Pietà* verwahrt, die die lokale Geschichtsschreibung dem 16. Jahrhundert zuschreibt und die man für eine schüchterne Nachahmung von Michelangelos Vorbild hält. Zwei interessante Gemälde sind ferner zu verzeichnen: eine auf 1558 datierte *Rosenkranzmadonna*, die der tuskanisch-umbrischen Schule zugeschrieben wird und jedenfalls von zeitgenössischen apulischen Werken formal weit entfernt erscheint; die kleine zu Füßen der Jungfrau knieende Figur auf der Linken bildet den Edelmann Fabio de Boctunis ab, der das Gemälde der damaligen Chiesa di Santa Croce stiftete.

Im Inneren der kleine Festung befindet sich, wie schon angedeutet, die alte **Chiesa di Sant'Antonio Abate** (Kirche des Heiligen Abtes Antonius), die heute entweiht und schwer zugänglich ist, da sie als Abstellplatz dient. Die alte Basilikaform ist noch gut erhalten, nur die zentrale Kuppel ist nach dem Einsturz durch ein Tonnengewölbe ersetzt worden.

Am Ausgang aus dem Stadtpark schlagen wir rechts die kurze via Tiepolo ein und gelangen auf den gleichnamigen Platz, wo sich die **Kirche** (Chiesa) und das **Kloster** (Convento) **del Carmine** befinden. Die Anlage wurde im 16. Jahrhundert am Ort der einstigen Kirche und Kloster von San Giovanni della Penna des Johanniterordens erbaut. 1549 erhielten nämlich die Karmeliter die Erlaubnis sich in der Stadt niederzulassen, sodaß sie das Monastero di Gesù e Maria (Jesus und Maria-Kloster) verließen, das zwei Meilen von der Stadt entfernt in Richtung Andria lag. Heute ist vom ursprünglichen Bau sehr wenig übriggeblieben: die Fassade wurde ganz offenkundig weitgehend umgestaltet; im unteren Teil besteht noch die ursprüngliche, durch Lisenen unterteilte Rustikamauer, das Portal stammt aus späterer Zeit.

Oben: *Chiesa del Carmine – Blick auf den Kirchturm*

Rechts: *Convento del Carmine – der jetzige Eingang zum Kloster*

Auch das Portal des angrenzenden Klosters zeigt die typischen Merkmale der Bauweise des darauffolgenden Jahrhunderts.
Der Kirchturm auf der Rechten stammt hingegen aus dem 19. Jahrhundert, wie an der oberen Glockenstube im klassizistischen Stil klar zu sehen ist und wie auch die am Sockel befindliche, 1863 datierte Inschrift erklärt.
In einem Raum in der Sakristei neben der Kirche ist ein schönes, steinernes Lavabo aus dem 15. Jahrhundert in die Wand eingemauert, das vielleicht dem abgerissenen Hospiz der Johanniterritter entstammt; auf dem Becken ist eine architektonische Miniaturstruktur nachgebildet, die aus einem Architrav mit zwei Löwenköpfen besteht, der auf schlanken Säulen stützt und über dem sich ein kleiner, leicht gekrümmter Dreipaßbogen befindet.

Palazzo Di Gennaro-Soria (18. Jh.)

Ein weiteres Fundstück aus Stein bildet eine *Madonna mit Kind* ab, ein Werk von Fabrizio da Trani, unterzeichnet und 1467 datiert; es stammt aus dem schon genannten Convento di Gesù e Maria und ist zur Zeit auf dem Treppenabsatz vom Collegio Davanzati der Barnabiter zu sehen. Im Kircheninneren sind zahlreiche Gemälde zu verzeichnen, darunter die berühmte byzantinisierende Ikone der *Madonna des Quells*, die dem 14. Jahrhundert zugeschrieben wird und der Legende nach auf dem Rücken eines großen Fisches am Karsamstag von 1234 Trani erreicht haben soll. Unter den anderen Bildern soll hier die *Kreuzigung* von Francesco Marchese aus dem 16. Jahrhundert erwähnt werden, sowie die *Heilige Anna, die der Jungfrau das Lesen lehrt* vom gleichen Künstler, und die kostbare *Heilige Jungfrau vom Berge Karmel mit Kind und dem Heiligen Simon Stock*, ein Werk von Nicola Menzele aus dem Jahr 1774, mit einem äußerst fein geschnitzten und vergoldeten Rahmen verziert. Kehren wir nun auf via Statuti Marittimi zurück, wo wir einige der herrschaftlichen Wohnsitze betrachten, die im 18. Jahrhundert diesen Teil der Stadt schmückten. Auf der linken Seite, kurz vor **piazza Quercia**, sehen wir **Palazzo Di Gennaro-Soria**, der zwischen 1776 und 1778 von der adligen, aus Molfetta stammenden Familie Di Gennaro di Castelmuzzo erbaut wurde; er wurde danach zum Sitz der Sacra Regia Udienza Provinciale (Heilige Königliche Rechtsprechung der Provinz) und ging später in den Besitz von Familie Soria über. Das Ebenmaß seiner Umrisse erinnert an die im 16. Jahrhundert gepflegte Harmonie der Formen, die hier durch den Kontrast zwischen rustikaler *facies* im unteren Teil und der weiten, glatten Fläche des oberen, die von kraftvollen, nicht versetzten Eckpfeilern eingerahmt ist, erzielt wird. Der Gesamteindruck wird durch die Säulenpaare aufgelockert, die den zentralen Balkon über dem Haupteingang tragen.

Auf das Meer schaut auch **Palazzo Palumbo-Quercia**, ein trotz des schlichten und unaufdringlichen Stils großartiger Bau aus dem 18. Jahrhundert (er wurde 1755 errichtet), der den Wohlstand der Stadt in jenem Jahrhundert gut ausdrückt. Bei Hausnummer 8 finden wir **Palazzo Antonacci-Telesio**, der 1761 erbaut (wie angeblich das Datum unter dem Familianwappen am Eingang beweist) und 1845, nachdem die Stadtmauer abgerissen worden war, nach Osten hin erweitert wurde, wie das heutige Aussehen in seinem besonders an der Fassade offenkundigen Verweis auf klassizistische Vorbilder verrät. Das Gebäude vesteckt in seinem Inneren eine wahre Überraschung, nämlich das **Kutschenmuseum** (Museo delle Carrozze): es handelt sich um eine Sammlung von 33 Familienkutschen, die bis vor kurzem noch mit Liebe vom Herzog von Toritto, Bernardino Telesio, gepflegt wurde, nachdem sein Vater Vincenzo das Museum 1957 eingerichtet hatte. Über eine Fläche von 1000 qm verteilt, finden wir Kutschen für den Morgen und für den Abend, Jagd- und Damenkutschen, und weiter Kutscheruniformen und Pferdegeschirr, Kutschenmodelle und Spielzeugkutschen. Um die Ausstellung zu besichtigen wende man sich bitte an Nicola Cignarelli in via San Giorgio 7; das Museum stellt ohne Zweifel ein interessantes Zeugnis eines nun vergangenen Zeitalters und der Geschicklichkeit einstiger Handwerker dar und teilt uns Vieles über die Geschichte einer ganzen sozialen Schicht und auch jener, die ihr dienten, mit.

Von piazza Quercia und Palazzo Telesio erreichen wir nun **via San Giorgio**, eine gerade Straße, die den jetzt durchquerten Bezirk abschließt und uns zu via M. Pagano zurückführt. Wo sich die zwei Straßen treffen erhebt sich die **Chiesa di San Rocco**, die 1528 der venezianische Gouverneur von Trani Vittor Superanzio erbauen ließ, wie die Inschrift über dem Portal erklärt. Eine elegante Rustikaverkleidung und ein geschwungenes, durch ein hervorspringendes Gesims betontes Profil kennzeichnen die Fassade. Der Glockenturm auf der Rechten wurde im darauffolgenden Jahrhundert in ähnlich abgerundeter Form errichtet, während die Uhr auf dem Helm auf 1910 zurückgeht.

Das Innere besteht aus einem einzigen Schiff und enthält einen Chor aus geschnitztem und bemaltem Holz; beachtenswert sind ferner vier große Ölbilder, wovon zwei die *Fußwaschung* und den *Kindermord von Betlehem* abbilden und Künstlern der neapoletanischen Schule des 17. Jahrhunderts zugeschrieben werden; die anderen beiden sind gute Kopien von Francesco Solimena und stellen *Jakob und Rachel* und *Rebekka und Eleasar* dar; die Originale sind in der Galleria dell'Accademia in Venedig ausgestellt.

Palazzo Palumbo-Quercia (18. Jh.)

5 – RUNDGANG DURCH DAS VIERTEL DES 19. JAHRHUNDERTS

Der Rundgang durch den *Borgo* (das im 19. Jahrhundert erbaute Viertel) untersucht nun eine Stadtanlage, die nach einem einheitlichen Plan gestaltet wurde. Das charakteristische Merkmal des Viertels ist die gleichmäßige Gestaltung der Bauten, da das *Statuto del Borgo* (Statut des neuen Viertels) ausdrücklich für die Errichtung der Gebäude «guten Geschmack», die Befolgung einer «symmetrischen Anordung» und die gleiche «Anzahl der Etagen» für nebeneinander liegende Bauten verlangte (Art. 8 des *Statuto per la regolare formazione del Borgo*, 23. April 1844, also Statut für die regelmäßige Gestaltung des Viertels).

Daher durften nur dekorative Bestandteile wie Gesimse und Portale von diesen Anweisungen abweichen. Die hier verzeichneten Bauwerke, auf die die Aufmerksamkeit des Besuchers gelenkt werden soll, stellen eine beschränkte Mustersammlung dar, wobei jedoch feststeht, daß wichtiger als die einzelnen Gebäude in diesem Falle ihre Zusammensetzung ist, die Häuserblocks, die einheitliche Gestaltung der Anlage des *Borgo*.

Zwei Kutschen im Museum von Palazzo Antonacci-Telesio

RUNDGANG DURCH DAS VIERTEL DEL 19. JAHRHUNDERTS

Via Cavour (Palazzo Fabiano, Palazzo Elifani, Palazzo Bianchi) - Piazza XX Settembre (Palazzo Campione) - Corso Imbriani (Palazzo Maioni) - Via Badoglio (Palazzo Barbera) - Corso Vittorio Emanuele (Palazzo Discanno, Palazzo Pugliese, Palazzo Savoia, Palazzo Di Meo, Palazzo Lillo, Palazzo De Gemmis)

Ausgangspunkt unseres Spazierganges durch die moderne Stadt ist die mit Bäumen geschmückte, sehr zentral gelegene **piazza della Repubblica**, eine weite, rechteckige Fläche, die an den Bezirk grenzt, den wir eben durchgangen haben, und die den Schnittpunkt von zwei wichtigen Straßenachsen bildet: **via Cavour**, die die Stadt durchquert und das Meer mit dem **F.S. Bahnhof** (Staatliche Bahn) verbindet, und **corso Vittorio Emanuele**, die zentralgelegene Straße, die parallel zur Küste verläuft.

Beginnen wir, **via Cavour** in Richtung des Meeres auf der zu via San Giorgio (*siehe Rundgang durch den III. Bezirk*) parallelen Strecke entlangzugehen; bevor wir piazza Plebiscito erreichen, finden wir rechts bei Hausnummer 7 **Palazzo Fabiano**, ein schlichtes und ausgeglichen wirkendes Gebäude aus dem Jahr 1892, dessen Erdgeschoß durch eine Verkleidung mit flachen Bossen gekennzeichnet ist, die über den verschiedenen Öffnungen strahlenförmig angelegt sind und an den Ecken hervorspringen. An den oberen Etagen befinden sich Reihen gleichaussehender Fenster mit Balkons, deren Lünetten mit Stuckwerk verziert sind; den Scheitelstein des Hauptportals schmückt ein Relief, das den Markuslöwen abbildet, darüber befindet sich der mittlere Balkon, der mit reicherem Schmuck als die seitlichen verziert ist. An den Decken im Inneren sind noch die ursprünglichen Malereien auf Papier erhalten.

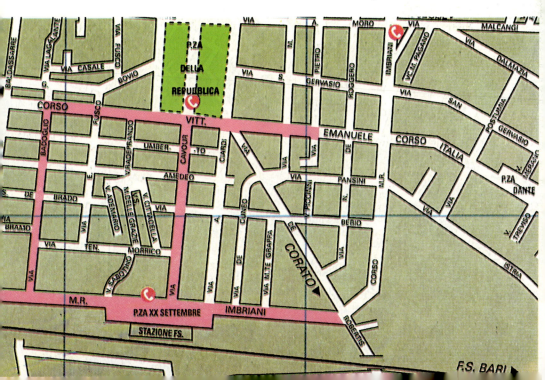

Neben diesem Haus finden wir mit Hausnummer 23 und auf den Platz schauend **Palazzo Elifani**, der 1848 errichtet wurde und, wie üblich, durch einen mit Bossen, die um das Portal stärker hervorspringen, verkleideten Sockel gekennzeichnet ist. Am *piano nobile* krönen bogenförmige Giebel die Fenster der Hauptfassade, während jene am oberen Stock und an den anderen Seiten mit einfachen Gesimsen versehen sind. Im Inneren ist der für die zeitgenössischen herrschaftlichen Paläste übliche Deckenschmuck noch erhalten. Gehen wir jetzt via Cavour zurück, überqueren piazza della Repubblica in der Mitte und corso Vittorio Emanuele, bis wir zu Hausnummer 93 gelangen. Wir befinden uns jetzt gegenüber **Palazzo Bianchi**, ein Gebäude aus dem Jahr 1870, dessen sehr einfache und geradlinige Bossenwerkfassade ein hervorspringendes Portal schmückt, das in ein schönes Vestibül mit Flachtonnengewölbe führt, von dem aus der weite, in der Mitte gelegene Innenhof erreicht wird.

Oben:
Palazzo Fabiano – Teilansicht der Fassade

Links:
Palazzo Elifani – die Fassade

Gehen wir die via Cavour weiter, bis wir auf **piazza XX Settembre** gelangen, wo sich der Bahnhof befindet. Ihm gegenüber sehen wir bei Hausnummer 18 **Palazzo Campione**, ein typisches Beispiel der hiesigen Architektur des späten 19. Jahrhunderts, durch eine schlichte und geradlinige Form gekennzeichnet. Die Fassade ist durch zwei Lisenen dreigeteilt; in der Mitte befindet sich ein langer Balkon mit zentralem Fenster, die Rahmen und Simse der seitlichen Fenster sind verziert. Darunter sehen wir das geschweifte Portal mit Kragstein am Scheitel. Innen sind die Zimmer, der Festsaal und auch die Küche noch mit der ursprünglichen Einrichtung und dem einstigen Schmuck versehen; auch in diesem Fall sind die nach dem damaligen Geschmack dekorierten Decken noch gut erhalten.

Rechts neben Palazzo Campione sehen wir **Palazzo Maioni** aus dem späten 19. Jahrhundert, den eine äußerst gegliederte Fassade mit hervorspringendem mittleren Teil kennzeichnet. Sehr interessant ist das über dem Portal befindliche Zwillingsfenster mit zwei Karyatiden, die den Bogen tragen, und die Fenster im oberen Stock mit Blütenmuster auf Fensterlaibung und Rahmen.

Palazzo Maioni – Detail des Fensters an der Fassade

Mit dem Bahnhof auf der linken Seite gehen wir ein Stück auf **via Imbriani** weiter und biegen dann rechts in die **via Badoglio** ein, wo, mit Hausnummer 30 versehen, der 1893 errichtete **Palazzo Barbera** liegt; die Außenmauern bestehen im Parterre aus flachen Bossen, die an den Ecken etwas markierter hervortreten; das Portal in der Mitte der dreigeteilten Hauptfassade wird von vier Säulen mit hohem Sockel eingerahmt, die den oberen Balkon tragen, auf den sich drei verdachte Fenster öffnen.

Das Vestibül führt zu einem Innenhof, auf den zwei Lauben schauen, wobei die im ersten Stock verglast sind. Auch in diesem Palast sind im Festsaal an den Decken und Wänden die ursprünglichen Wandmalereien erhalten.

Gehen wir via Badoglio bis **corso Vittorio Emanuele** hinunter, wo wir nach links abbiegen. Hier stoßen wir bald auf **Palazzo Discanno** und, gegenüber gelegen, **Palazzo Pugliese**. Ersterer, auf unserer Linken mit Hausnummer 188, wurde 1892 erbaut und ist durch eine Polstermauerverkleidung mit wirkungsvollem Helldunkeleffekt gekennzeichnet.

Palazzo Pugliese – Teilansicht mit Loggia

Der mittlere Baukörper, an dem das Portal angebracht ist, besteht aus Lisenen mit Halbkapitellen und Säulen, die den darüberliegenden Balkon tragen. Die Fenster der oberen Etage sind mit dreieckigen Giebeln versehen, nur das mittlere hat eine Bogenverdachung. Das zweite Gebäude, Hausnummer 189, wurde 1890 errichtet und aufgrund seines beeindruckenden Effekts von Vielen für das beste Beispiel der lokalen Architektur des 19. Jahrhunderts gehalten. Kennzeichnend ist das Motiv der gezahnten Gurtgesimse, das auf den Verdachungen

Palazzo Discanno – Vestibül und Treppe

im Erdgeschoß, auf jenen im Obergeschoß und auf dem Kranzgesims mit kleinen Bögen wieder aufgenommen wird. Beachtenswert ist weiter die sehr schöne Loggia in via G. Bovio (hinter corso Vittorio Emanuele), die Schmuckdetails und die Einrichtung im Inneren, die, genauso wie die mit bemaltem Papier geschmückten Decken und die Türen, perfekt erhalten sind.

Drei Häuserblocks weiter finden wir mit Hausnummer 134 **Palazzo Savoia**, der 1844, also vor dem Abriß der Stadtmauer und dem Entwurf des *Borgo*, errichtet wurde. Außen ist er im unteren Bereich mit Tuffsteinbossen verkleidet, nur an der Hauptfassade ist das Portal unter dem großen Balkon durch Steinbossen gekennzeichnet.

Im Inneren führt das Vestibül auf einen zentralen Hof auf den ein Laubengang schaut, der über die klassische zweiarmige, dreiläufige Treppe erreicht wird.

Im nächsten Block finden wir bei Hausnummer 118 **Palazzo Di Meo** aus dem Jahr 1860, dessen Erdgeschoß und Ecken mit einer glatten Bossenverkleidung versehen sind.

Nach weiteren zwei Blocks gelangen wir zur Hausnummer 92, **Palazzo Lillo**, ein 1855 datiertes Gebäude, das ein typisch klassizistisches Portal besitzt, das von zwei Säulen mit hohem Sockel eingerahmt ist; die Fenster des *piano nobile* sind mit dreieckigen Giebeln geschmückt. Im Inneren sind noch die lebhaften ursprünglichen Fußböden und der auf Papier gemalte Deckenschmuck zu sehen.

Gegenüber von Palazzo Lillo ist die hintere Fassade von **Palazzo De Gemmis** zu sehen, der 1850 erbaut wurde und dessen Haupteingang in via G. Bovio, parallel zu corso Vittorio Emanuele, die Hausnummer 40 trägt. Der untere Teil ist mit glattem Bossenwerk verkleidet, das um das Portal und an den Ecken stärker hervortritt. Wie üblich spiegelt sich die dem Portal anerkannte Hauptrolle auch im darüber liegenden Fenster wieder, dessen Laibung in diesem Fall durch Bossen gekennzeichnet ist und das mit einem dreieckigen Giebel gekrönt ist, während die anderen Fenster mit einem einfachen Gesims überdacht sind.

Palazzo Savoia – die Treppe im Hof

6 – DIE UMGEBUNG

Die Abtei von Santa Maria di Colonna

Etwa zwei Kilometer südlich, an der äußersten Ostspitze der Bucht, an der die Stadt liegt, befindet sich die Kirche von **Santa Maria di Colonna**. Sie ist über die Landesstraße, die nach Bari führt, bequem erreichbar, indem man der Ausschilderung nach links in Richtung des Meeres folgt. Die Abtei und das Kloster wurden 1098 von den Benediktinern gegründet; danach wurde sie 1427 den Franziskanern überlassen, in deren Besitz sie bis 1867 blieb. Im Laufe der Jahrhunderte wurde die gesamte Anlage mehrmals verändert und erlitt zudem schwere Plünderungen durch die Türken.

Die **Fassade** mit typisch romanischem Aufbau zeigt ein schönes **Portal** mit aus Stein gemeißelter Archivolte, die auf schlanken Säulen stützt, und einem Architrav aus dem klassischen Zeitalter, der hier wiederverwertet wurde. Man achte ferner auf die **Fensterrose**, die zu verschiedenen Zeitpunkten erneut überarbeitet wurde, und auf die Reihe kleiner Blendbögen am Giebel.

Die Anlage der Abtei von Santa Maria di Colonna – Sicht vom Stadtpark

Das **Innere** der Kirche ist in drei Schiffe geteilt, wobei das mittlere im 13. Jahrhundert mit Kreuzgewölben überdacht wurde, während die Seitenschiffe mit Halbtonnen versehen wurden. Die Kreuzgewölbe in der Nähe des Haupteinganges tragen Rippen, ein Merkmal des staufischen Zeitalters, aus dem auch die Konsolen, die die Rippen der Kapellen im rechten Seitenschiff tragen, stammen. Am Ende dieses Schiffes befindet sich ein viereckiger Raum, die heutige Sakristei, der mit einem Sterngewölbe überdacht ist, ein Merkmal, das ihn auf die Spätgotik datieren läßt.

Das anstoßende Kloster, dessen Aufbau den ursprünglichen nicht mehr widerspiegelt, ist heute Sitz eines Internationalen Zentrums für Forschung und klinische Anwendungen in onkologischer Chirurgie.

DER CASALE DI GIANO

An der Grenze zwischen den Gemeinden von Trani und Bisceglie befindet sich der sogenannte **Casale di Giano** (Janus-Siedlung), dessen Ursprung auf weit zurückliegende Zeiten datiert und dessen Name die Anwesenheit heidnischer Kulte in diesem Gebiet bezeugt, die auch durch das Auffinden von Gegenständen aus römischer Zeit belegt wurden. Von Trani erreicht man ihn über die Straße nach Corato; ungefähr nach 3 km biegt man links nach Bisceglie ab und fährt etwa die gleiche Strecke in dieser Richtung weiter; man kann auch der S.S. 16 bis (Landstraße) in Richtung von Bari folgen und vor Bisceglie die Ausfahrt *Bisceglie nord* einschlagen; danach fährt man etwa 3 km in Richtung von Andria.

In der einst der Gemeinde von Trani zugehörigen Siedlung ist heute noch eine **Santa Maria di Giano** genannte **Kirche** mit einigen angrenzenden Baukörpern erhalten, sowie ein kleineres Gebäude, etwa 250 Meter westlich davon gelegen, das **Tempio di Giano** (Janus-Tempel) genannt wird. Bei letzterem handelt es sich um einen auf die erste Hälfte des 12. Jahrhunderts datierbaren Bau, der aus einem einzigen Saal besteht, mit einer zentralen, auf Trompen stützenden Kuppel überdacht ist, eine Apsis besitzt und außen mit Steinziegeln abgedeckt ist. Er erscheint wie eine kompakte Masse, deren Mauern aus großen, sorgfältig zugerichteten Kalksteinblöcken bestehen, sodaß der Tempel eher "vornehmeren" architektonischen Vorbildern als der Klasse der Feldkirchen des 11. Jahrhunderts zugehören zu scheint.

Rechts:
Tempio di Giano – die Westfront

Die **Chiesa di Santa Maria di Giano**, nicht weit vom Tempel entfernt, erscheint von außen wie ein kompakter, schmuckloser und verputzter Block ohne Öffnungen an den Wänden; dieses Aussehen geht auf Arbeiten, die im 18. Jahrhundert ausgeführt wurden, zurück, wie eine 1726 datierte Inschrift über dem Architrav am Eingang bezeugt. Kürzlich erfolgte Restaurierungen haben bautechnische und dekorative Details der ursprünglichen Fassung freigelegt, die wahrscheinlich aus einem einzigen Saal bestand, dessen Wände gänzlich mit Fresken bedeckt waren; die Schildbögen wurden erst später daran angebracht und somit die Struktur und die Abdeckung (früher ein Satteldach) verändert. Die Kirche fällt in die Gemeinde der Pfarrkirche von San Domenico in Bisceglie und wird noch heute benutzt; einmal im Jahr, am zweiten Sonntag nach Ostern, wird hier die Messe gefeiert.

Die Chiesa dei Cappuccini

Dieser auf Initiative von Ettore Palagano zwischen 1591 und 1595 errichtete Bau (Kapuzinerkirche) befindet sich auf der gleichnamigen Straße gleich hinter der Eisenbahn. Die einfache und gerade Struktur wiederholt sich auch auf der schlichten, durch Lisenen unterteilten Fassade, die einfache symmetrischen Öffnungen besitzt und über dem Tympanon mit einem abgerundeten Glockengiebel gekrönt ist.

Die Höhlenkirche von Santa Geffa

Sie befindet sich auf offenem Feld in Richtung der Gemeinde von Corato. Es handelt sich hierbei um ein interssantes Beispiel "gegrabener" Architektur mit dreischiffigem Aufbau, die das "vornehme" Vorbild der *sub divo* Kirchen in unterirdischer Form nachinterpretiert. Die Kirche ist auf die Zeit nach dem 11. Jahrhundert zu datieren.

Rechts:
Chiesa dei Cappuccini – die Fassade

7 – BRÄUCHE UND LEGENDEN

März-April   *Karfreitagprozession*
Wie in den meisten Städten der Region, nimmt die Bevölkerung auch in Trani großen Anteil an den Riten der Karwoche, die uralt und tief in der Gemeinde verwurzelt sind. So schrieb die englische Schriftstellerin und Reisende Janet Ross im Jahr 1889 darüber:
«Am Karfreitag fand wieder eine Prozession statt, diesmal nahmen fast ausschließlich Frauen, rein und schön angezogen, daran teil. Viele darunter trugen schwarze Seidenkleider und große Goldketten auf der Brust; alle hielten eine große Kerze in der Hand, die weißen Strümpfe waren schmutzig und durchlöchert, da sie ohne Schuhe durch die schlammigen Straßen zogen. Auch Männer nahmen an der Prozession teil, sie gingen den Frauen voran, und Priester, und alle waren aus Frömmigkeit barfuß.»

3. Mai   *Festa del Crocifisso di Colonna* (Fest des Kruzifixes von Colonna).
5./7. August   *Schutzheiligenfest am Hafen.*
August   *Kunstmarkt von Trani.*

GESCHICHTE UND LEGENDEN – *Die fremde Königin*

Am 2. Juni des Jahres 1259 kam ein wunderschönes Mädchen, die Braut des Königs, über das Meer nach Trani. Sie war erst 17 Jahre alt und hieß Helena; sie kam aus Epirus und brachte ihrem Gatten, König Manfred, Lieblingssohn von Friedrich II. von Hohenstaufen, Korfu und Durazzo als Mitgift mit. Die prunkvolle Hochzeit fand im Schloß statt und die ganze Stadt feierte die neue Königin. Das Königspaar lebte sieben Jahre lang glücklich und vier Kinder, Beatrice, Heinrich, Friedrich und Heinz, wurden aus dieser Ehe geboren; obwohl der Ehe, wie damals üblich, eine Verhandlung zu politischen Zwecken zugrunde lag, war Manfred sehr in Helena verliebt. Das traurige Schicksal des staufischen Herrscherhauses ist bekannt; am 26. Februar 1266 wurde Manfred bei der Schlacht von Benevent besiegt und getötet und

Links:
Das Fest zu Ehren von San Nicola Pellegrino

die Dynastie verlor somit ihre Machtstellung. Helena erfuhr die schreckliche Nachricht im Schloß von Lucera; man teilte ihr mit, daß die Leiche beraubt und geschändet und nicht einmal begraben worden war. Die Herrscherin wurde von ihrem ganzen Gefolge verlassen, nur ein Ehepaar aus Trani, Munaldo und Amundilla, blieb ihr treu und half ihr, im Schloß von Trani mit den Kindern Zuflucht zu suchen. Hier sollte sie den geeigneten Augenblick abwarten, ins Vaterland zu fliehen. Doch ihr Los war anders bestimmt: in Epirus war ihr Vater vom Kaiser von Byzanz abgesetzt worden und auch die letzten treuen Anhänger waren zu Karl d'Anjou übergegangen. Ihre Anwesenheit im Schloß wurde entdeckt, und sie fand sich plötzlich im eigenen Hause, wo Jahre zuvor ihr Glück begonnen hatte, als Gefangene. Die Kinder wurden ihr weggenommen: Beatrice wurde nach Neapel geschickt und dort in Castel dell'Ovo eingesperrt, Heinrich, Friedrich und Heinz verbrachten den Rest ihres Lebens als Gefangene in Castel del Monte. Während Beatrice dank des Vesperaufstandes achtzehn Jahre später befreit wurde und in Sizilien die spanischen Nachkommen ihrer Familie erreichen konnte (Peter III. von Aragonien und die Halbschwester Konstanze), ertrug Helena den Kummer der Gefangenschaft nur fünf Jahre lang; sie starb als letzte Zeugin der Größe und des Unterganges des Staufergeschlechts im Alter von 29 Jahren 1271 im Schloß von Lagopesole.

Fest vom Crocifisso di Colonna

8 – DAS KUNSTHANDWERK

In Apulien hat das Handwerk schon immer mit seiner reichen Produktion, einem sehr weitgefächerten Warenangebot und seinen phantasievollen Formen eine bedeutende Rolle gespielt.
In Trani ist die Tradition der Holzarbeit tiefverwurzelt, die sich auch sonst in Apulien zahlreicher guter Schiffszimmerleute rühmen kann. Besonders geschätzt ist die Verarbeitung des Olivenholzes, das von Natur aus aufgrund seiner Härte und unregelmäßigen Maserung schwer zu schnitzen ist. Aus der Tradition der kleinen Tischlerwerkstätten haben sich heute auch zahlreiche Möbelfabriken entwickelt. Die Kunst der Schnitzarbeit ist in Trani durch das Werk der Familie Gusmai vertreten, die unter anderem den Palast von König Zogu von Albanien ausschmückten. Ein weiterer Bereich des Handwerks von Trani umfaßt die Produkte der Korbflechterei.

Museo Diocesano – Detail der "Madonna dell'Aurora", eine Holzintarsie von Andrea Gusmai, 1967. Im Hintergrund, die Hafenbucht mit der Kathedrale auf der Linken.

DER MARMOR VON TRANI

Der Einsatz des «marmo di Trani», wie der hier bis an die nördlichen Murgia-Hügel zutage kommende Kalkstein genannt wird, hat die Bauten der Stadt Trani immer schon gekennzeichnet. Das Wort Marmor bezieht sich auf die Eigenschaften dieses Gesteines, die durch das Polieren weiter hervorgehoben werden und es zu Schmuckzwecken besonders geeignet erscheinen lassen.

Der Stein von Trani, wie auch der von Apricena (Foggia), gehört der Kategorie der Kalksteine klastischen und biochemischen Ursprunges an; der Bezirk von Trani, wo das größte Kalkvorkommen der Region liegt, begreift auch die Städte von Andria, Barletta, Bisceglie, Corato und Minervino mit ein. Das in diesem Gebiet gewonnene Material ist durch eine große Widerstandsfähigkeit und Festigkeit, sowie durch die elfenbeinweiße Grundfarbe mit gelber und roter Äderung gekennzeichnet.

Es gibt natürlich unzählige handelsübliche Sorten dieses Gesteines, Biancone, Bronzetto, Filettato oder Fiorito genannt, je nach vorwiegendem Muster und nach dem zu erzielenden architektonischen und schmückenden Effekt. Eine weitere, erwähnenswerte Qualität ist die Avorio, ein klassischer Stein, unter den ersten, der dank seines delikaten Effektes den lokalen Markt überschritten hat und den berühmteren importierten Erzeugnissen in keiner Weise nachsteht.

Der *marmo di Trani*, der schon seit Urzeiten benutzt wurde, erlebte als Bau- und Schmuckmaterial seine große Blütezeit im Mittelalter, als die großen Kathedralen errichtet wurden, und genoß später auch in religiösen und herrschaftlichen Palästen eine starke Verbreitung, sodaß dieses Material schließlich in beträchtlichem Maße die Optik der meisten Städte in der Terra di Bari beeinflußte.

Rechts:
Sicht auf die Kathedrale von einem Steinbruch im Norden der Stadt

9 – SPEZIALITÄTEN

DIE GASTRONOMIE

Trani ist ein magischer Ort, wo man in der Nähe des Hafens gemütlich spazieren und dabei die Atmosphäre vergangener Zeiten verspüren kann; hier vermischt sich die nach Salz riechende Meeresluft mit dem einladenden Duft, der den zahlreichen und gemütlichen Gaststätten entströmt. Die salzige Brise riecht um die Mittagszeit nach fritiertem Fisch, eine Eigenschaft, die viele apulische Küstenstädte gemein haben, und die hier an der Seepromenade entlang, an einem lauen Vorfrühlingstag vielleicht, einen eigenen Zauber hat.

Die typische lokale Küche verwendet ähnliche Zutaten wie in anderen Gebieten der Region, wie vielleicht sogar im gesamten italienischen Süden, deren Zubereitung auch hier althergebrachte Bräuche sowie den lokalen Geschmack widerspiegelt und besondere Variationen ähnlicher Themen bildet. So wird zum Beispiel aus der traditionellen Vorliebe für Nudeln und lokales Gemüse hier ein Gericht, das *maccarun-o furne* (Makkaroni im Backofen) heißt, eine geschmack- und duftreiche und typisch süditalienische Zubereitung; *cicorie e pasta* (Nudeln mit Zichorien) ist eine sehr beliebte Zusammenstellung, die nur hier zu finden ist, ähnlich wie die *mignulicchi e pasta*, wo die Nudeln mit Schwarzkohl angerichtet werden, oder *cime di rapa e pasta*, bei der das Gemüse aus einer lokalen Art von Brokkoli besteht.

Die *grigliata di pesce misto* (gegrillter Fisch verschiedener Sorten) wird hier zum duftenden Hauptgang mit Beilage von Zucchini- oder Auberginen-*Parmigiana*. Eine weitere Köstlichkeit, die auch zum schnellen Imbiß angeboten wird, ist der *calzone*, eine mit Zwiebeln und Fleisch, oder aber auch mit Mozzarella und Tomaten gefüllte Pizza. Langusten, Gemüse und Walnußlikör werden in vielen Familien zum Johannistag zubereitet.

Soll die Mahlzeit aus einem Fleischgericht bestehen, so kann eine Flasche des *Rosso di Trani* mit 13-15% Alkoholgehalt und einem runden und starken Geschmack eine ideale Ergänzung dazu bilden; zum Nachtisch darf auf keinen Fall der berühmte *Moscato di Trani* fehlen, ein süßer und stark duftender Muskatellerwein mit etwas höherem Alkoholgehalt.

DIE GASTRONOMIE

Trani ist auch ein wichtiges Zentrum im Obst- und Gemüsehandel und in der Weinherstellung, und ist insbesondere wegen seines Muskatweines (ein Wein mit *Denominazione di Origine Controllata*, Bezeichnung für italienische Weine gehobener Qualität, deren Trauben nur aus festgelegten Anbaugebieten stammen dürfen), sowie des roten Verschnittweines bekannt, der aufgrund seines hohen Alkoholgehaltes zum größten Teil nach ganz Italien und ins Ausland exportiert wird.

Findet man in Mailand einen 'Trani', so kann man sicher sein, daß es sich um eine Weinschenke handelt, ein Gewerbe, das in jener Großstadt von vielen Auswanderern aus Trani ausgeübt wurde.

Viele Mitglieder alter Adelsfamilien, die traditionsgemäß in rechtswissenschaftlichen Berufen tätig waren, haben sich in letzter Zeit mit neuen Wirtschaftszweigen befaßt und ihre Landgüter (*masserie*) in landwirtschaftliche Betriebe verwandelt, wie Ferdinando Capece Minutolo, ehemaliger Vorsitzender des Konsortiums für die Valorisation des Moscato di Trani.

DER MOSCATO DI TRANI

Der Moscato di Trani ist der edelste und älteste D.O.C. Wein Apuliens. Schon um das Jahr Tausend leiteten die Venezianer den Handel dieses Weines ein und unterzeichneten zu diesem Zweck ein besonderes Abkommen mit dem Zollamt von Trani.

Der Graf von Trani, Robert d'Anjou (14. Jh.), beschäftigte sich weiter damit und beschränkte die Ausfuhr des Qualitätweines aus den Häfen des Königreiches von Neapel, was bei den venezianischen Kaufleuten großen Verdruß auslöste.

Im 16. Jahrhundert fand der Wein große Anerkennung bei dem berühmten Reisenden Fra' Leandro Alberti, Autor einer monumentalen "Descrittione" (Beschreibung) Italiens, der ihn als "ausgezeichnet und sehr zarten Geschmackes" definierte.

Seit jener Zeit ist der "Moscato di Trani" immer bekannter geworden, bis er 1974, nach der neuen Definition der D.O.C. Weine, zum Spitzenprodukt verfeinert wurde. Die Bestimmungen für seine Produktion beschränken das Anbaugebiet der Trauben auf die Gemeinden von Trani, Bisceglie, Ruvo, Corato, Andria, Canosa, Minervino und einen Teil der Gemeinden von Cerignola, Trinitapoli, Barletta, Terlizzi und Bitonto.

Der Moscato di Trani wird in zwei Sorten mit den folgenden Eigenschaften hergestellt:

- Moscato di Trani dolce von goldgelber Farbe, mit starkem Duft, süßem Geschmack, einem Gesamtalkoholgehalt von mindestens 12, 5% und einem Restzucker, der mindestens 2 Prozent zu entsprechen hat.

- Moscato di Trani liquoroso von goldgelber Farbe, mit einem charakteristischen starken Duft, süßen samtigen Geschmack, einem Gesamtalkoholmindestgehalt von 18% und einem mindestens zweiprozentigen Restzuckergehalt.

Zu seinem Schutz und seiner Valorisation wurde 1985 das Konsortium eingerichtet, das die Naturbelassenheit und Echtheit dieses Erzeugnisses garantiert.

Der MOSCATO DI TRANI ist ein einzigartiger Dessertwein und eine wahre Perle im Angebot der D.O.C. Weine; er eignet sich vor allem zum Abschluß der Mahlzeit zur Begleitung von Kuchen oder Mandelgebäck.

10 – ES WURDE ÜBER TRANI GESAGT...

In diesem kleinen Führer können natürlich nicht alle Erwähnungen der Stadt in der Literatur aufgeführt werden, doch werden im folgenden einige Stellen wiedergegeben, die den Reiseaufzeichnungen und Notizen von Besuchern vergangener Zeiten oder leidenschaftlicher Forscher mittelalterlicher Kunst entstammen. Wissenschaftlich gesehen, sind diese wenigen Zeilen ein Lob der Auslassung, doch, wie schon gesagt, soll hier keine Anthologie von Zitaten vorgelegt sondern nur ein Eindruck der Atmosphäre dieser Stadt übermittelt werden.

«Die Stadt Trani ist am Meer gelegen. Im unteren Teil befindet sich in äußerst glücklicher Lage ein Hafen für kleine Schiffe, Trieren und Galeeren; er hat einen einzigen, mit Türmen versehenen Ausgang, oder befestigten Eingang in Richtung des Ufers, der die ganze Stärke und Macht des Hafens ausdrückt. Um den Hafen sind schöne Bauten errichtet worden: darunter wird ein Dock für den Bau von Schiffen und Galeeren eingerichtet. Keine apulische Stadt gleicht Trani in Handel und Geschäften. Die zahlreichen Gebäude sind schön, hoch und aus Marmor. Die Häuser sind schön und prächtig; ihre Außenmauern aus weißem Marmor sind wie Diamantspitzen zugeschnitten. Jeder Stein besitzt nämlich in der Mitte einen hervortretenden Teil und an den Seiten eine Vertiefung, ganz genauso wie das Schloß von Damaskus und viele Häuser von Beirut. Diese Häuser haben Fenster mit aus Stein fein gemeißelten Säulen. Die Bauwerke erschienen uns wunderschön.
In Trani leben viele Juden, manche davon haben sich in den letzten Jahren zu unserer Religion bekehrt. Diese haben die schönsten Häuser der Stadt errichtet. Es gibt viele reich geschmückte Kirchen. Eine Marmortreppe führt zur Kathedrale hinauf. Ihr Bronzetor ist auf kunstvolle und wunderbare Weise modelliert. Die Krypta unter der Kirche ist riesig, so groß wie die Kirche selbst. Es finden sich zahlreiche Reliquien darin: der Körper des Heiligen Nicola Pellegrino, unter dem Hauptaltar der Krypta begraben: er war griechischer Abstammung und aus seinem Mund kam nie anderer Laut als Kyrieleison, was auch immer man ihm sagte oder ihn fragte. (...) In Trani befindet sich ein ziemlich befestigtes Schloß.»
(*Itinerario di Anselmo e Giovanni Adorno in Terra Santa,* 1470-71)

«Nähern wir uns Trani, so wird die Landschaft besser, die Ebene füllt sich, wird üppiger an Weinbergen, Olivenhainen, Feigenplantagen. (…) Heute kann man sagen, daß Trani eine bedeutende Stadt ist, dank der Anzahl auffälliger Bauten, die zu sehen sind, der Schönheit der eingesetzten Baumaterialien, die auch den älteren Gebäuden noch den Anschein von Lebendigkeit und Neuheit verleihen. Tatsächlich ist die ganze Stadt aus einem bearbeitungsfähigen Stein gebaut, der nie schwarz wird, aus ganz feinem Gefüge besteht und härter als Marmor ist. Er wird fast immer in Form von Diamantquadern zugerichtet, was ihm ein ganz eigenartiges Aussehen verleiht. (…)».
(J.-Claude R. de Saint-Non, Altertumsforscher und Graveur aus Paris, *Voyage pittoresque ou description des Royaumes de Naples et de Sicilie,* Paris 1783)

«Trani, Königliche, Erzbischöfliche Stadt, Hauptstadt der Provinz der Terra di Bari (…) Sie ist von Neapel 126 Meilen entfernt, von Bari 24 und von Barletta 6. Diese Stadt gehört zu den bemerkenswertesten des Reiches. Sie ist am Ufer der Adria erbaut, ganz von starken Ringmauern umgeben, fast 3 Meilen lang, mit verschiedenen Türmen und Gräben und drei Toren. An jenem, das Tor von Bisceglie genannt wird,

ist zu lesen: *TIRENUS FECIT, TRAIANUS ME REPARAVIT – ERGO MIHI TRANUM NOMEN UTERQUE DEDIT*»
(Lorenzo Giustiniani, *Dizionario geografico ragionato del Regno di Napoli*, 1805)

«Trani sitzt am Ufer der Adria und hat einen Hafen, der im Mittelalter von Mauern und Türmen umgeben war. Seine Entstehung verliert sich im Dunkel des Altertums (…) Die Kathedrale wurde in bezaubernder Lage am Meer nicht weit vom Hafen entfernt errichtet. Das Bauwerk hat die Form einer Basilika im neulateinischen Stil, mit breiten und starken Mauern; so ist auch die unterirdische Kirche. Auf der Mittagsseite erhebt sich der Glockenturm, der später aus lokalem, gelben und schwarzen Stein erbaut wurde. Er hat fünf Stockwerke, wie der so berühmte von Barletta, und wie bei diesem sind die Fenster an jedem Stock verschieden. (…) Es ist dies ein Denkmal, das wegen der Kühnheit seiner Struktur und der Vielfalt und Unterschiedlichkeit der Ornamente und Friese, deren Gestaltung in Trani schöner erscheint als anderswo, erwähnt zu werden hat.»
(Demetrio Salazaro, Kunsthistoriker, 1822-1882)

«Trani hat etwas von einer Hauptstadt. Seine Häuser sind Paläste und Gebäude, die aus einem schönen Stein gebaut sind. Die Kathedrale ist ein musterhaftes Denkmal normannischer Architektur. Das Innere ist edel und großartig. Der Hafen wurde im Interesse des venezianischen Handels von der aristokratisch-kaufmännischen Republik von San Marco vollendet. Die Landschaft ist mit einer Vielzahl mit Trockenmauerwerk errichteter Häuschen durchsetzt, von denen wir die klassischen Vorbilder am Kap von Leuca erblicken konnten (…)». (Charles Didier, französischer Schriftsteller – *L'Italie pittoresque*, Paris 1850)

«Die Einwohner von Trani sind stolz auf ihre Stadt, die sie das Athen Apuliens nennen: und als ich jemanden fragte, ob sie so genannt werde, weil sie Sitz einer wichtigen Universität sei, wurde mir geantwortet: "Nein, es ist so, weil wir hier ein Schwurgericht haben!". (…) Die Kathedrale von Trani erhebt sich über einem Erddamm und im hinteren Teil ist der Platz durch Mauerwerk abgestützt, das steil zum Meer abfällt. Lange saßen wir auf den Marmorbänken, die ihn ganz umgeben und bewunderten das türkisfarbene Meer und erblickten links hinter dem entgegengesetzten Ufer der Bucht die Halbinsel des Gargano. (…) Der Kirchturm gehört zu den Dingen, die in Trani bewundert werden müssen, über einem einzigen Bogen erbaut, und zweihundert und siebzig Füße über dem Boden sich erhebend, in sieben Teile unterteilt, wovon der letzte ein Achteck bildet, über dem sich der Helm befindet. (…) Das Kircheninnere muß genauso schön gewesen sein, bis es einem barbarischen Erzbischof einfiel, vor etwa fünfzig Jahren oder etwas mehr, alle Wände mit Kalkanstrich zu versehen, auch die Säulen. Zum Glück starb der Barbar, bevor er auch noch die Krypta verunstalten konnte (…)

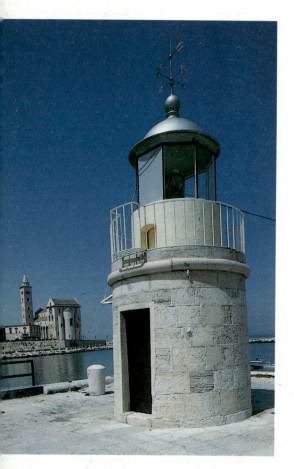

wo sich dreißig Marmorsäulen befinden, die einen sehr schönen und reizvollen Effekt erzielen. (...) Der kreisförmige Hafen hat mich merkwürdigerweise an eine Stelle in Venedig erinnert; und ich habe erfahren, daß er von den Venezianern erbaut wurde, als sie Trani im fünfzehnten Jahrhundert besetzten. Die Mündung ist eng und schwierig; deshalb können jetzt, nachdem das Meer den Grund mit Schlamm gefüllt hat, nur kleine Dampfer in den Hafen hineinfahren. Vor langer Zeit war Trani im regen Handel mit dem Morgenland, und hier befand sich einer der Häfen, wo sich die Kreuzritter einschifften, um das Heilige Land zu erreichen...»
(Janet Ross, englische Schriftstellerin und Reisende – *The Land of Manfred*, London 1889)

«Ich erinnere mich an einen Maiabend, an dem ich mich mit einem Freund in Trani befand: wir betrachteten das gegen den Himmel dunkel werdende Profil der großen Kathedrale, deren Kirchturm wie ein Leuchtturm emporragt und deren Platz an das Meer grenzt. Ein eintöniger Gesang, der sich von der Straße aus näherte, kündigte die Ankunft eines Schwarmes von Pilgern an. Sie erschienen, in zwei Reihen geordnet, vor der Kirche und stiegen die Treppe hoch: das große Bronzetor, das den Namen seines Gießers, Barisano da Trani, trägt, stand für die Dauer des Marienmonats offen. Die Pilger knieten am Eingang nieder und schleppten sich auf diese Weise langsam bis vor den Altar. Danach erhoben sie sich und gingen schweren Schrittes wieder hinaus. Einige Kinder aus der Stadt erwarteten sie am Tor und gingen ihnen mit ausgestreckter Hand entgegen, als wollten sie bei diesen Armen um Almosen bitten. Die Pilger entnahmen ihren Taschen Kieselsteine, die sie auf dem Wege gesammelt und gesegnet hatten, und mit sich führten. Sie gaben sie den Kindern und entfernten sich im Dunkel, den eintönigen Gesang wieder aufnehmend. (...)»
(Emile Bertaux, Kunsthistoriker – *Magister Nicolas Petri de Apulia*, Paris 1902)

LITERATURVERZEICHNIS

1877	A. Prologo, *Le carte che si conservano nell'Archivio del Capitolo Metropolitano della città di Trani (dal sec. IX al 1266)*, Trani 1877;
1883	A. Prologo, *I primi tempi della città di Trani e l'origine probabile del nome della stessa*, Giovinazzo 1883;
1884	G. Beltrani, *Cesare Lambertini e la società familiare in Puglia durante i secoli XV e XVI*, Trani 1884;
1891	S. Simone, *Sui monumenti antichi di Trani*, in «Rassegna Pugliese» (1891), S. 354-361;
1894	A. Prologo, *Frammenti di storia tranese. Notizie sulle chiese di Ognissanti, S. Giacomo, S. Maria de' Russis e S. Giuliano*, in «Rassegna Pugliese» (1894);
1896	A. Prologo, *L'antichissima chiesa di S. Maria di Trani ed i Prelati che in essa tennero la loro cattedra*, in «Archivio Storico Pugliese» (1896);
1897	F. Sarlo, *Il duomo di Trani monumento nazionale storicamente ed artisticamente descritto*, Trani 1897;
1899	G. Beltrani, *Una inedita descrizione della cattedrale di Trani composta nella metà del secolo XVIII*, Napoli 1899;
1900	F. Sarlo, *La pavimentazione del Duomo di Trani*, Trani 1900;
1902	A. Avena, *Monumenti dell'Italia Meridionale*, Roma 1902;
1904	E. Bertaux, *L'art dans l'Italie meridionale*, Paris 1904;
1907	G. Beltrani, *Le vicende storiche e tecniche del porto di Trani*, Trani 1907;
1912	V. Vitale, *Trani dagli Angioini agli Spagnoli*, Bari 1912;
1915	C.S. Capozzi, *Guida di Trani*, Trani 1915;
	A. Vinaccia, *I monumenti medioevali di Terra di Bari*, Bari 1915;
1920	A. Haseloff, *Die Bauten der Hohenstaufen in Unteritalien*, Leipzig 1920;
1924	C.S. Capozzi, *Nella luce della chiesa della B.V. del Carmine*, Trani 1924;
1944	G. Avon – U. Tibaldi, *Il Duomo di Trani nel Romanico pugliese*, Trani 1944;
1951	L. Maffuccini, *La città di Trani*, Trani 1951;
1953	A. Böckler, *Die Bronzetüren des Bonanus von Pisa und des Barisanus von Trani*, Berlin 1953;
1956	H. Leisinger, *Bronzi romanici*, Milano 1956;

1957	R. Piracci, *Guida del Duomo di Trani*, Trani 1957;
1959	M. Berucci, *Il tipo di chiese coperte a cupole affiancate da volte a mezza botte*, in «Atti del IX Congresso di Storia dell'Architettura» (Bari 1955), Roma 1959, S. 81-116;
1960	F. Babudri, *L'antichissima scultura romanica tranese*, in «Il Tranesiere» a. II (1960), S. 66-70;
1964	M. D'Elia, *Mostra dell'arte in Puglia dal tardo antico al Rococò*, Catalogo della mostra, Bari 1964;
1965	S. Quatela, *Vicende storiche del palazzo Valenziano*, Trani 1965;
1966	C.A. Willemsen – D. Odenthal, *Puglia, terra dei Normanni e degli Svevi*, Bari 1966;
1969	M.S. Calò, *La pittura del Cinquecento e del primo Seicento in Terra di Bari*, Bari 1969;
1970	A. Gambacorta, *Per la storia della pittura a Trani nel sec. XVIII*, in «Il Tranesiere» a. XII (1970), n.4, S. 7-15;
1971	G. Curci, *Notizie storiche della chiesa e convento dei Cappuccini in Trani*, Napoli 1971;
1972	R. Mola, *Scavi e ricerche sotto la cattedrale di Trani*, in «Vetera Christianorum» IX (1972), S. 361-386;
	B. Ronchi, *Trani*, Bari 1972;
	S. Schwedelm, *Die Kathedrale S. Nicola Pellegrino in Trani und ihre Vorgängerkirchen*, Dissertation, Tübingen 1972;
1973	G. Curci, *Storia della chiesa di Santa Teresa e il culto dell'Addolorata in Trani*, Napoli 1973;
	F. Spaccucci, *Storia del Monastero di S. Giovanni in Trani*, Napoli 1973;
1974	R. De Vita (a cura di), *Castelli, torri ed opere fortificate di Puglia*, Bari 1974;
	B. Ronchi, *Trani in alcune antiche stampe*, Bari 1974;
1975	P. Belli D'Elia, *Puglia XI secolo. Alle sorgenti del Romanico*, Catalogo della Mostra, Bari 1975;
1976	M. D'Elia, *A proposito della Cattedrale di Trani*, in «Scritti di storia e di arte in onore dell'arcivescovo Giuseppe Carata», Fasano 1976, S. 121-127;
	S. Pasi, *Osservazioni su un frammento bizantino conservato a Trani*, in «Scritti di storia e di arte in onore dell'arcivescovo Giuseppe Carata», Fasano 1976, S. 157-166;
	A. Petrucci, *Cattedrali di Puglia*, Roma 1976;
	B. Ronchi, *Note sull'iconografia di S. Nicola Pellegrino*, in «Scritti di storia e di arte in onore dell'arcivescovo Giuseppe Carata», Fasano 1976, S. 179-231;

	M. Salvatore, *Un nuovo sarcofago paleocristiano rinvenuto a Trani*, in «Vetera Christianorum» (1976), S. 375-385;
1979	C. Brandi, *Pellegrino in Puglia*, Bari 1960, 3ª ed. 1979;
	B. Ronchi, *Valdemaro Vecchi. Pioniere dell'editoria e della cultura in Puglia*, Bari 1979;
	G. Vitale, *Note di socio-topografia della città di Trani dall'XI al XV secolo*, in «Archivio Storico per le Province Napoletane» a. XVIII (1979), S. 31-97;
1980	P. Belli D'Elia, *Le porte di bronzo*, in *La Puglia tra Bisanzio e l'Occidente*, Milano 1980, S. 243-249;
	P. Belli D'Elia, *Il Romanico*, in *La Puglia tra Bisanzio e l'Occidente*, Milano 1980, S. 117-253;
	M.S. Calò Mariani, *La scultura in Puglia durante l'età sveva e protoangioina*, in *La Puglia tra Bisanzio e l'Occidente*, Milano 1980, S. 254-316;
	R. Colapietra, *Profilo storico-urbanistico di Trani dalle origini alla fine dell'Ottocento*, in «Archivio Storico Pugliese» a. XXXIII (1980), S. 3-107;
	B. Ronchi, *Invito a Trani*, Fasano 1980, nuova ed. 1988;
	R. Piracci, *La Cattedrale di Trani*, Trani 1980;
	R. Piracci, *Per conoscere gli Statuti Marittimi di Trani*, Trani 1980;
1981	A. Abbattista, *S. Maria di Colonna. Trani*, in *Insediamenti benedettini in Puglia*, Catalogo della Mostra, a cura di M.S. Calò Mariani, Galatina 1981, vol. II, t. 1, S. 279-292;
	G. Carlone – M. Izzi – M. Petrignani – M. Ruggero Petrignani – L. Semerari, *Guida a Trani*, Bari 1981;
	G. Curci, *Notizie storiche sulla chiesa di S. Andrea in Trani*, Napoli 1981;
	R. Lorusso Romito, *Chiesa di S. Francesco (già SS.ma Trinità). Trani*, in *Insediamenti benedettini in Puglia*, Catalogo della Mostra, a cura di M.S. Calò Mariani, Galatina 1981, vol. II, t.1, S.293-304;
1982	M. D'Elia, *La pittura barocca*, in *La Puglia tra Barocco e Rococò*, Milano 1982;
	B. Ronchi, *La chiesa di Ognissanti di Trani*, Fasano 1982;
	B. Ronchi – L. Scarano, *I Teresiani di Trani*, in «Archivio Storico Pugliese» (1982), S. 187-203;
1983	*Restauri in Puglia 1971-81*, Catalogo della Mostra, 2 voll., Fasano 1983;

	B. RONCHI, *Guida del Museo Diocesano di Trani*, Fasano 1983;
1984	M.S. CALO' MARIANI, *L'arte del Duecento in Puglia*, Torino 1984;
	B. RONCHI, *Indagine sullo sviluppo urbanistico di Trani dall'XI al XVIII secolo*, Fasano 1984;
1985	F. PORSIA, *Trani*, in *Itinerario normanno in Terra di Bari. I centri costieri*, Bari 1985, S. 155-172;
	B. RONCHI, *La cattedrale di Trani*, Fasano 1985;
1986	B. RONCHI, *La chiesa del Carmine di Trani*, Fasano 1986;
1987	P. BELLI D'ELIA, *La Puglia*, [Serie Italia Romanica, 8], Milano 1987;
1988	L. DEROSA, *L'edilizia civile a Trani tra il XIV ed il XV secolo*, Tesi di laurea, Università degli Studi di Bari A.A. 1987-88;
1989	L. MONGIELLO, *Chiese di Puglia*, Bari 1989;
	F. ONESTI, *Il Borgo ottocentesco di Trani*, Bari 1989;
	R. PIRACCI, *La cattedrale di Trani*, Trani 1989;
1991	G. LA NOTTE, *Bisceglie. Insediamenti culturali*, Bari 1991;
1993	R. PIRACCI, *Il castello di Trani*, Trani 1993.

ORTSVERZEICHNIS

Abtei Santa Maria di Colonna ... 89
Casa Ciardi 72
Casa Covelli 65
Casa De Agnete 71
Casa Palumbo 65
Casale di Giano 90
Chiesa dei Cappuccini 92
Chiesa del Carmine 77
Chiesa del Miracolo Eucaristico 58
Chiesa Ognissanti 54
Chiesa S. Agostino 66
Chiesa S. Andrea 68
Chiesa S. Anna 60
Chiesa S. Antonio Abate 77
Chiesa S. Chiara 66
Chiesa S. Domenico 75
Chiesa S. Donato 62
Chiesa S. Francesco 70
Chiesa S. Geffa 92
Chiesa S. Giacomo 42
Chiesa S. Giovanni Lionelli .. 40
Chiesa S. Lorenzo 42
Chiesa S. Lucia 52
Chiesa S. Maria di Colonna .. 89
Chiesa S. Maria di Giano 90
Chiesa S. Maria Nova
 (oder Scolanova) 62
Chiesa S. Martino 39
Chiesa S. Nicola Piccinino ... 58
Chiesa S. Rocco 81
Chiesa S. Teresa 53
Chiesa S. Toma 68
Chiesa Scolanova (oder S. Maria
 Nova) 62

Conservatorio S. Lorenzo 42
Convento del Carmine 77
Convento S. Domenico 75
Corso Imbriani 86
Corso Vittorio Emanuele 83
Diözesan-Museum 46
F.S. Bahnhof 83
Fortino S. Antonio 76
Jüdisches Viertel 56
Kathedrale 24
Kutschenmuseum 79
Monastero S. Agostino 65
Monastero S. Chiara 66
Notarielles Bezirksarchiv 50
Palazzo Antonacci Telesio 79
Palazzo Arcivescovile (Rogadeo) 36
Palazzo Assenzio 40
Palazzo Barbera 86
Palazzo Beltrani 40
Palazzo Bianchi 58
Palazzo Caccetta 53
Palazzo Campione 85
Palazzo Candido 36
Palazzo Carcano 38
Palazzo Cerdani 38
Palazzo De Angelis 68
Palazzo De Angelis Ventricelli ... 71
Palazzo De Gemmis 88
Palazzo De Luca 40
Palazzo Di Gennaro Soria ... 79
Palazzo Di Meo 88
Palazzo Discanno 86
Palazzo Elifani 84
Palazzo Fabiano 83
Palazzo Filangieri 58
Palazzo Filisio 50
Palazzo Forges Davanzati ... 71
Palazzo Gadaleta 52
Palazzo Gattola Mondelli ... 62
Palazzo Lambert 40
Palazzo Lillo 88
Palazzo Lodispoto 34
Palazzo Lopez 60

Palazzo Maggiola	42	Schloß	44
Palazzo Maioni	85	Staatsarchiv	50
Palazzo Palumbo Quercia	79	Städtische Bibliothek	72
Palazzo Petagna Vischi	38	Stadtpark	76
Palazzo Pugliese	86	Tempio di Giano	90
Palazzo Rogadeo (Arcivescovile)	36	Torre dell'Orologio	62
Palazzo Sarlo	65	Via Alvarez	44
Palazzo Savoia	88	Via Archivio	50
Palazzo Seminario (del)	46	Via Badoglio	86
Palazzo Sifola	60	Via Beltrani	36
Palazzo Torres	34	Via Cavour	83
Palazzo Valenzano	50	Via La Giudea	56
Palazzo Vischi	72	Via Leopardi	61
Piazza della Repubblica	83	Via Ognissanti	53
Piazza Duomo	46	Via Pagano	68
Piazza Gradenigo	66	Via Pedaggio S. Chiara	66
Piazza Lambert	40	Via Porta Antica	62
Piazza Longobardi	72	Via Prologo	56
Piazza Mazzini	65	Via Rodunto	62
Piazza Quercia	79	Via Romito	42
Piazza Re Manfredi	44	Via S. Agostino	65
Piazza Sacra Regia Udienza	52	Via S. Giorgio	81
Piazza Sedile S. Marco	53	Via Scolanova	61
Piazza Trieste	52	Via Sinagoga	62
Piazza XX Settembre	85	Via Statuti Marittimi	72
Porta antica	62	Vico Morola	61